Educar personalizando, personalizar educando

Educar personalizando, personalizar educando

Una visión inclusiva de la educación

Yolanda Eugenia López Iglesias

Plataforma Editorial

Primera edición en esta colección: enero de 2025

© Yolanda Eugenia López Iglesias, 2025
© de la presente edición: Plataforma Editorial, 2025

Plataforma Editorial
c/ Muntaner, 269, entlo. 1.ª – 08021 Barcelona
Tel.: (+34) 93 494 79 99
www.plataformaeditorial.com
info@plataformaeditorial.com

Depósito legal: B 20089-2024
ISBN: 978-84-10243-95-8
IBIC: JN

Printed in Spain – Impreso en España

Diseño de cubierta:
Arantxa Álvarez

Fotocomposición y realización de cubierta:
Grafime S. L.

El papel que se ha utilizado para imprimir este libro proviene
de explotaciones forestales controladas, donde se respetan
los valores ecológicos, sociales y el desarrollo sostenible del bosque.

Impresión:
Romanyà Valls
Capellades (Barcelona)

A mis abuelos,
gracias por demostrarme que la educación
se transmite con palabras, hechos y sentimientos,
desde la honradez del que enseña
y la perseverancia del que aprende.

«Quien no exige ni acompaña, no educa ni ama».

«Si la escuela y las familias fuésemos capaces de darnos la mano en el proceso de personalización de la educación, el mundo sería mucho más inclusivo y equitativo para todos nuestros niños y jóvenes».

Índice |

Educación personalizada |

Acompañamiento – Actividades – Alegría – Aprender –
Atención – Autoconocimiento – Autoestima – Ayuda –
Cambio – Celebración – Colaboración – Competencias
– Comprensión – Comunidad – Conocimiento –
Constancia – Construir – Contenido – Creatividad –
Crecimiento – Desarrollo – Destrezas – Dificultades
– Dirigir – Docente – Educar – Emociones – Errar
– Escuchar – Estrategias – Exigencia – Experiencias –
Habilidades – Inicio – Ilusión – Inteligencia – Familia –
Fortalezas – Futuro – Guía – Lecciones – Metodologías
– Necesidades – Orientar – Pasado – Pasión – Presente
– Proceso – Respeto – Responsabilidad – Sentimientos –
Talento – Valores – Visión – Visualizar – Voluntad

1.
Empecemos por el principio

«Los seres humanos somos capaces de enseñar,
y esto solo se produce en nuestra especie».

JUAN DELVAL

Educar debería convertirse en el oficio más importante del mundo. Lo debería ser para todas aquellas personas que se dedican diariamente a ello, destacando a los padres y a los educadores. No es una tarea sencilla, lo sabemos, pero puede convertirse en un desafío emocionante y sumamente enriquecedor. Escribir este libro no ha sido una labor fácil, ya que en él abordo e intento explicar aspectos complejos sobre el arte de educar personalizando. Pero debo confesar que la misma dificultad me ha llenado de satisfacción por la importancia que le atribuyo a esta maravillosa tarea que no es otra que la de aprender y enseñar. Desde el principio quiero ser muy sincera y aclararte que si esperas que sea un manual repleto de recetas fáciles de aplicar, no va a ser así. Lo que sí puedo prometerte es que voy a esforzarme para explicarte cómo creo que tendría que ser una educación que nos acerque a la personalización del proceso de aprendizaje.

Para mí, educar es una actividad que nos posibilita transmitir conocimientos, valores y formas de actuar. Equivale a guiar o conducir en el conocimiento, orientando y, especialmente, estimulando. Convierte al adulto en un guía al que escuchar y del que aprender; y al educando, en un ser activo, protagonista y responsable durante todo el proceso.

El padre, madre o profesor que participa en el proceso educativo se convierte en un acompañante, en un *sherpa* que sabe, escucha y orienta para potenciar el desarrollo máximo de un individuo para que avance y sea capaz de vivir en sociedad. Este bonito viaje se convierte en una carrera de fondo que requiere paciencia, capacidad para detectar los problemas de aprendizaje y una altísima implicación de todos los agentes que participen en el proceso; también requiere una elevada inversión de tiempo para conocer a la persona en su totalidad, y muchísimo respeto, exigencia y comprensión.

¿Es educar una tarea fácil? Por mi opinión y experiencia, puedo afirmar rotundamente que no. Frecuentemente se convierte en una ocupación ardua y complicada que exige al que la ejerce su mejor versión. Vivimos en un mundo educativo complejo. Los continuos cambios de leyes, las luchas entre la escuela pública y la concertada, el impacto de una innovación educativa, a mi parecer, poco reflexiva y científica, la fugacidad de tendencias que provocan giros continuos en la atención educativa y la forma de entender la educación de algunos profesionales y algunas familias están provocando serias dificultades que los diferentes agentes educativos deben ser capaces de afrontar.

La falta de formación especializada de los docentes para detectar y atender las necesidades y las potencialidades dificultan poder atender a cada niño y joven como sería óptimo, la desorientación de los padres noveles, y de algunos no tan noveles, y la escasez de recursos personales y materiales, junto con las exigentes demandas que la sociedad realiza a los profesionales que se dedican a la educación, están provocando importantes consecuencias negativas que impactan directamente en el alumnado, el profesorado y las propias familias. Cambios que distorsionan y dificultan el acompañamiento de niños y jóvenes en su desarrollo personal, emocional, familiar y escolar.

Esta situación está ocasionando una sensación de estrés y desorden porque todo parece complejo y las opciones a elegir cambian continuamente. Parece que hemos perdido el criterio y el sentido común que años atrás aplicaban nuestros abuelos, padres y educadores. Los cambios deberían estar diseñados para mejorar una situación y no para dificultarla. Tendrían que estar basados en la coherencia y en la fundamentación para responder a las necesidades reales y fortalezas de las personas, pero ahora no siempre es así. Las buenas intenciones no resuelven los conflictos, necesitamos dotación, formación y buenos profesionales.

La palabra *innovación* no ha hecho todo el bien que se esperaba en el ámbito educativo y familiar porque nos ha llevado a estar siempre pensando en el futuro, olvidando la importancia del presente. Psicólogos, pedagogos o profesionales del mundo de la empresa y la tecnología, muchos de ellos sin haber pisado jamás un aula y con muy poca experiencia con niños y jóvenes, aterrizaron en los medios de comunicación, los centros educativos y en muchos comedores de nuestras casas exponiendo nuevas teorías y métodos, en la mayoría de las ocasiones sin ninguna base científica, pretendiendo transformar la educación de forma rápida y simple. Estos «gurús educativos», estos grandes visionarios, se atrevieron a aleccionar a educadores y padres explicando dogmas y fórmulas infalibles que iban a transformar la educación cargados, muchos de ellos, de una alta dosis de sentimentalismo o muy alejados de la complicada realidad que supone educar.

Muchos han sido seguidos, como si del flautista de Hamelin se tratase, con muy poca capacidad de análisis y criterio. Un laboratorio que comienza a hacer aguas por la poca consistencia que han demostrado algunas de estas «teorías» y «métodos milagrosos» por su falta de fundamentación y falsedad en su conceptualización. Este hecho, muy grave a mi parecer, ha acabado afectando perjudicialmente en la labor de los educadores y las familias, especialmente en el crecimiento y progreso personal y académico de miles de niños y jóvenes. Los medios de comunicación no dejan de informarnos de que los niveles educativos son cada vez más bajos, que las dificultades que tienen nuestros niños y jóvenes para comprender lo que leen condiciona su aprendizaje y que la falta de recursos materiales y personales de familias y colegios provoca una respuesta educativa deficiente en muchos contextos.

Tras describir este panorama o, como algunos tienden a denominar, «nuevo paradigma», suelo preguntarme dónde han ido a parar los avances en el mundo educativo que se basan en la teoría, en la comprobación, en estudios longitudinales y la adaptación a cada contexto. Me acuerdo de grandes pedagogos como Piaget, Vygotsky o Dewey y me pregunto cómo reaccionarían si pudiesen observar este panorama: cómo el uso de recetas pedagógicas difíciles de aplicar, altamente cargadas de sensiblería y poca rigurosidad, están entorpeciendo la verdadera labor educativa, que no es otra que acompañar a nuestros hijos o alumnos en su desarrollo integral.

Y es que además se ha olvidado que en educación nada es 1 + 1, que no todas las escuelas o familias comparten las mismas características o necesidades, o disponen de iguales recursos, tiempo o formación para acompañar de la misma manera a los más jóvenes. Se olvida, o ignora, que las personas aprenden de manera distinta, en ritmo, amplitud y profundidad. Se omite que construir una educación más inclusiva, equitativa y socialmente transformadora no es un propósito simple, aunque, como intentaré demostrar, tampoco imposible.

Debemos intentar actuar con criterio, abandonar la igualdad substituyéndola por la equidad y ser capaces de impulsar un aprendizaje significativo. Porque la educación debe impactar en la vida de nuestros jóvenes y alumnos y en su desarrollo y aprendizaje, para que puedan crecer en todas sus dimensiones con el objetivo de ser más felices y capaces de conseguir lo que se propongan con esfuerzo y entusiasmo. La falta de realismo o la tendencia a una cierta utopía nos hace perder de vista nuestro objetivo principal, que no es otro que el de acompañar a nuestro hijo o alumno para que pueda desarrollarse plenamente como persona, para que se sienta protegido y querido desde el respeto, pero también desde la exigencia, el compromiso y la responsabilidad personal. Y sí, digo exigencia y responsabilidad, porque sin ellas no hay aprendizaje ni transformación personal.

Si una cosa me atrevo a afirmar que es cierta es que, en educación, la persona, es la única que debe situarse en el centro junto a su aprendizaje. Si no, ¿qué sentido podría tener todo este proceso? Pero situarla en el centro no significa mirarla, mimarla o considerar que es tan importante que poco puede hacer por ella misma. Situar a la persona en el centro significa considerarla como única e irrepetible, con infinitas posibilidades para aprender, con características, necesidades, fortalezas e intereses personales, familiares y sociales que deben ser conocidos, respetados, desarrollados y evaluados.

Apostar por una educación de la persona, o personalizada, es poseer una mirada integral que exige atender las particularidades de cada individuo y ofrecer numerosas oportunidades a cada niño y joven para que pueda llegar a conocerse y respetarse, a interaccionar con los demás aprendiendo a reconocer al otro y ser reconocido por los demás. Este enfoque es el que puede acercarnos a la personalización del aprendizaje, un planteamiento que cree en la alegría de vivir y de aprender.

Así empezamos el camino, constatando que no será simple, pero sí apasionante este gran propósito que no es otro que explicar cómo poder educar personalizando. Este manuscrito parte de la teoría y la práctica, de la investigación, de los intentos fallidos y de los aciertos después de casi treinta años como docente e investigadora educativa. Un intento de argumentar si es posible asociar la personalización con la educación. Un proyecto que tiene como propósito descubrir y fundamentar qué significa *personalizar*, cómo podemos acompañar y convertirnos en verdaderos «*sherpas* educativos», en líderes inspiracionales capaces de transformar la vida y la salud de la educación, la sociedad y el futuro, con realismo y decisiones efectivas.

En este escrito quiero invitarte a realizar una expedición valiosa y emocionante que no es otra que la de intentar reflexionar sobre cómo dar respuesta a las singularidades de tus hijos o alumnos, sabiendo conocerlos y acogerlos, potenciando sus aptitudes con exigencia y confianza, desde la perseverancia y el compromiso a lo largo de su camino de aprendizaje. Ofreciendo oportunidades, queriendo con locura, exigiendo con rigor y tomando las decisiones más acertadas para favorecer el desarrollo máximo de su potencial.

Un reto fascinante que nos exigirá conocimiento y grandes dosis de análisis y de paciencia, y que nos posibilitará velar por el presente y el futuro educativo de muchos niños y jóvenes, el futuro de nuestra sociedad, porque quien se atreve a enseñar nunca debería dejar de aprender.

2.
La diferencia enriquece, el respeto y la inclusión unen

«Tan injusto es tratar desigualmente a los iguales
como tratar igualmente a los desiguales».

ARISTÓTELES

Ya desde pequeña me di cuenta de que la diferencia existía. Nací siendo gemela y, aunque físicamente éramos como dos gotas de agua, nuestro temperamento era muy distinto. Las dos éramos apasionadas del deporte y alérgicas a la piña. Mi personalidad algo retraída y vergonzosa colisionaba con la extroversión de mi hermana. Ella era espontaneidad y desinhibición en estado puro, y yo, en cambio, era tímida y con cierta tendencia a la introspección. Esta diferencia nunca fue tratada con miedo o recelo por mis padres, que intentaban dar respuesta a nuestras distintas necesidades e intereses de manera individual.

Mientras mi hermana menor, por tan solo cinco minutos de diferencia, soñaba con ser portera de fútbol y veterinaria, yo deseaba ser periodista y escritora, y pedía a mis padres que me comprasen nuevos libros para leer, historias que memorizaba e intentaba versionar en el escritorio de mi habitación. Estoy convencida que el hecho que nuestros padres y nuestra otra hermana cuatro años mayor entendiesen y respetasen lo que nos igualaba y también lo que nos diferenciaba, ha provocado que seamos dos seres que nos admiramos por todo aquello que nos iguala y también por lo que nos diferencia. Además, este respeto a nuestra diferencia propició que pudiésemos explorar las oportunidades que nos ofrecía la vida también por separado.

El hecho de crecer en una familia que respetaba la diferencia me ha permitido, en mi labor como docente, apreciarla de forma positiva y favorable. Ahora soy capaz de ver las disparidades que existen entre mis alumnos y trabajar para intentar darles respuesta y no malgastar energía en intentar igualarlos. Ante todo esto, me surge este interrogante: ¿no es un gran un error empeñarse en pensar que todos los niños y jóvenes se desarrollan y aprenden de igual manera? Quien haya tenido la suerte de convivir con niños o jóvenes habrá descubierto que la disparidad es un hecho real que está presente en las aulas y en los comedores de nuestras casas. No niego que haya similitudes, pero existen desequilibrios y desemejanzas que seguimos empeñados en tapar y obviar, olvidando que ningún compañero es igual que su compañero de pupitre.

Que una persona sea diferente no tiene por qué ser negativo, todo lo contrario. La diferencia enriquece y es beneficiosa. He tenido alumnos con una alta hipersensibilidad a quienes los ruidos habituales en un aula les molestaba y tenían que taparse los oídos, otros necesitaban levantarse de una silla y dar vueltas por el pasillo para relajarse. Algunos precisaban varias explicaciones para entender un concepto sencillo y otros conocían casi todos los contenidos que se iban a explicar y necesitaban mucho más para estimular su talento. También he enseñado a alumnos que necesitaban explicar que en casa las cosas no iban del todo bien. Después de años de experiencia he llegado a la conclusión de que todos, absolutamente todos, necesitaban lo mismo: escucha, acompañamiento, exigencia, afecto y aceptación.

No descubro ningún secreto al afirmar que esta amplia tipología de hijos y alumnado convive habitualmente en muchas familias y dentro de una misma aula. Y esto, es difícil de gestionar, porque nos genera preocupación y se originan situaciones que puede que no sepamos entender y dar respuesta.

En este sentido, la escuela debería tener la capacidad de promocionar la diferencia y no esconderla, huyendo de etiquetas que estigmaticen. Uno de sus principales objetivos debería ser apostar por la personalización del aprendizaje. Las familias también deberían mostrar apertura para aceptar la diversidad entre sus hijos. La sociedad avanza con rapidez aceptando lo diverso, pero las familias y los centros escolares no siempre muestran capacidad de hacerlo al mismo ritmo. De esta manera, si no somos capaces de avanzar con serenidad pero con avidez, no seremos capaces de mostrar la competencia mínima necesaria para preparar a nuestros niños y jóvenes para el futuro exigente, complejo y plural en el que les tocará vivir y, lo más grave, les habremos estado engañando.

Esta compleja y diversa realidad actual conlleva una reflexión pedagógica profunda y la necesidad de ofrecer una respuesta eficaz para acoger la disparidad de creencias, expectativas, necesidades, talentos e intereses dentro de las aulas y de nuestros hogares. Digo intentar porque no es una tarea sencilla, pero sí obligatoria. Esta intención supone un gran reto para todos quienes realizamos funciones de «educadores». Comenio, filósofo y pedagogo checo, afirmaba que el hombre era la criatura última y la más excelente de todas, y que era necesario enseñar «todo a todos». Me permito añadir que, además, debe hacerse con ilusión, determinación y, por qué no, con un poquito de humor.

Identificar y aceptar la diferencia es el primer paso para darle respuesta; esto exige una transformación pedagógica, la búsqueda de estrategias que faciliten la transmisión de contenidos, el aprendizaje significativo y activo, que motive y despierte la curiosidad de los estudiantes, promoviendo cambios que supongan un beneficio para el mayor número de personas.

Rodearse de «diferencia» nos hace más grandes, más sabios y humanos. ¿Quién desearía una sociedad en la que todos los individuos fuesen iguales, pensasen de igual manera y creyesen en lo mismo? En cambio, la búsqueda de la igualdad lleva a lo controlable y controlando matamos la creatividad. Sin creatividad no hay genialidad y sin genialidad no hay avance ni pasión. Sin pasión, ¿podríamos aprender? La diferencia debe ser entendida como un gran regalo que nos permite construir comunidades y sociedades más libres y diversas, anticipándonos a las necesidades o sabiéndolas minimizar y eliminar. El respeto y la valoración de la diferencia nos lleva a crear entornos de aprendizaje accesibles y desafiantes para todos los estudiantes, valorando y aceptando la variabilidad que existe entre ellos para garantizar un aprendizaje inclusivo y equitativo.

Mi abuela materna fue una persona con una mentalidad muy moderna para su tiempo. Mostraba interés por los avances científicos y le gustaba mucho aprender. No se cansaba de repetirnos a mis hermanas y a mí que no debíamos irnos a la cama cada día sin haber aprendido algo interesante que pudiésemos explicar a los demás. Mi abuela no sabía escribir, nació en una familia extremadamente pobre y tuvo que trabajar desde muy pequeña. A sus ochenta años escribió su nombre por primera vez y se sintió la persona más feliz de la Tierra. Explicaba que vivir no era nada sencillo, que no todas las personas eran iguales, pero afirmaba que todas tenían una cosa en común: podían aprender. Ahora, hace más de veinte años que murió y muchas veces pienso que si viviese y pudiese observar todos los cambios que se han producido en nuestra sociedad en las últimas décadas mostraría admiración por conocerlos y por valorar el buen hacer de todas aquellas personas que han colaborado en hacer que el ser humano tenga una vida mejor. Personas con distintos rasgos físicos, cociente intelectual, inteligencia emocional, procedentes de distintas culturas, con distinta ideología o intereses que, gracias a su trabajo, han sido capaces de mejorar el mundo, un mundo que no puede seguir progresando si existe discriminación y barreras que generen marginación e impidan una verdadera educación inclusiva.

Igualdad versus equidad

La igualdad y la equidad son conceptos distintos, aunque habitualmente los confundimos y los utilizamos como si fuesen sinónimos. La igualdad supone dar a todos lo mismo, en cambio, la equidad supone considerar que somos distintos y, por ello, necesitamos cosas diferentes. El creciente número de estudiantes que hay en las aulas exige a los docentes conocerlos y descubrir qué necesitan, cuáles son sus conocimientos previos, analizar el tipo de interacción que tienen con sus compañeros y todo lo que les rodea y seleccionar qué estrategias o herramientas de aprendizaje son las más oportunas en cada momento para facilitar su aprendizaje.

La atención a la diversidad consiste en reconocer y tener en cuenta las diferencias, tener la habilidad de dar respuestas innovadoras a las demandas que van apareciendo y atender a todo el alumnado sin imponer una manera única de aprender para todos. Depositar todas nuestras fuerzas en equiparar se convierte en un gran lastre y dificultad negando la evidencia; que la diversidad humana existe. Pero ¿por qué nos sigue molestando la diferencia? ¿Por qué instintivamente tendemos a la homogeneización?

Imaginemos por un momento que todos los tratamientos médicos estuvieran diseñados y aplicados de igual manera para todos los pacientes, sin considerar peculiaridades personales como la edad, el historial clínico o el peso. Supongamos que el conjunto de diagnósticos y tratamientos a aplicar tuviesen como objetivo principal curar a los pacientes huyendo de un conocimiento, la atención personalizada y la búsqueda del máximo bienestar. ¿Sería moralmente aceptado? Creo que la respuesta es rotunda: No. Es triste afirmarlo, pero esto es lo que sigue sucediendo en muchos sistemas educativos, entre ellos el nuestro. Se sigue ofreciendo un «tratamiento estándar» para el alumnado anclado en la búsqueda de la «normalidad», olvidando las características, competencias, habilidades y fortalezas personales de cada niño y joven.

El sistema educativo tendría que ser capaz de promover las diferencias, no encubrirlas desde una perspectiva amplia e inclusiva. Las familias deberían respetar la diversidad de aptitudes, expectativas o intereses que existen entre sus hijos, no obviarlas. Los docentes deberían comprometerse con el conocimiento de las distintas maneras de aprender del alumnado atendiendo las diferencias provocadas por la cultura o el medio social de procedencia, las capacidades, intereses o motivaciones. Estaría mintiendo si no afirmo que ya hay muchos educadores que lo intentan cada día, pero otros no.

En las numerosas entrevistas que tengo con las familias durante el curso escolar, muchas de ellas me exponen que no entienden por qué el hermano pequeño no sigue los pasos del mayor en su responsabilidad y esfuerzo o por qué la primogénita no es tan ordenada o cariñosa como lo es el pequeño. Parece que a todos nos sigue inquietando la diferencia.

Instintivamente el ser humano muestra su tendencia a potenciar el igualitarismo, convirtiéndose en un hecho muy peligroso. En las familias y en las instituciones educativas de cualquier nivel, desde el jardín de infancia hasta la universidad, se sigue consumiendo mucha energía en intentar enseñar a todos los niños y jóvenes del mismo modo, con ojos y modos igualitaristas en vez de potenciar la equidad y la excelencia. ¡Qué gran error pensar que todos aprenden de la misma manera, al mismo ritmo y con el mismo interés!

Cambiemos y atrevámonos, en casa y en la escuela, a visualizar y respaldar las diferencias individuales con creatividad y desde la oportunidad, y no desde la carga. Cubramos las necesidades académicas y socioafectivas de nuestros niños y jóvenes sin negligencia, con flexibilidad y respeto; de este modo seremos capaces de descubrir que el valor está en la diferencia, no en la similitud.

Acompañamiento desde la diversidad

Hace muchos años que me dedico a acompañar a niños y jóvenes, y es sin duda la acción más relevante de la profesión docente. Empecé con tan solo diecisiete años siendo educadora de tiempo libre en un barrio periférico donde las drogas y la delincuencia hacían estragos. Más tarde me hice docente y he ejercido como tal en países tan diversos como Andorra, Costa de Marfil o Perú. Sigo ejerciendo esta profesión en las diferentes etapas educativas y puedo afirmar, sin temor, que la capacidad que tenemos los educadores para acompañar la diferencia discrepa enormemente de nuestra habilidad para darle una respuesta real.

Hace unos años tuve un alumno que debía lamerse las manos cada vez que algún compañero, o yo misma, acababa de hablar. Se tocaba los brazos con impulsividad, sacudía la cabeza y emitía insultos sin sentido involuntariamente. Presentaba síndrome de Tourette, un trastorno neurológico que se caracteriza por la aparición de movimientos, tics y sonidos incontrolables. Los docentes que convivíamos con él intentábamos entender por qué lo hacía, indicándole distintos caminos para que dejase de hacerlo. Durante meses nos fijamos en sus dificultades, obviando que lo principal era acoger, aceptar y tolerar lo que le hacía distinto y a la vez muy especial.

Cada día lo observaba y me apenaba pensar los esfuerzos que debía hacer diariamente para contrarrestar estos síntomas e intentar parecer como el resto de sus compañeros. No puedo negar que convivir en el aula con algunos de estos tics y movimientos no siempre era fácil, ni para mí ni para el resto de los componentes del grupo. Las continuas sacudidas de cabeza, el giro de ojos y el encogimiento de hombros, la necesidad de aclararse la garganta y chasquear provocaba que los demás alumnos le mirasen extrañados hasta que todos entendimos que necesitaba hacerlos, como otros necesitábamos tocarnos el cabello. Estos movimientos repentinos e incontrolables convivieron con nosotros todo el curso, dejamos de observar aquellos tics y aprendimos a convivir con ellos. Este cambio nos hizo a todos más comprensivos y empáticos.

Ciertamente, intentamos abrazarle con sensibilidad y respeto, para que el sentimiento de vergüenza que en ocasiones se reflejaba en sus ojos se convirtiese en un espacio donde se sintiese seguro, tranquilo y aceptado. Y es que la educación y la mirada que tenemos hacia la diferencia pueden cambiar completamente la vida de una persona.

La diversidad debería entenderse como una realidad, ni mala ni buena, simplemente cierta y existente y aquí se acaba cualquier justificación complementaria. Como padres o educadores deberíamos entender que no todos somos iguales y que por ello es necesario poner toda nuestra energía en conocer y respetar las diferencias individuales que existen entre los niños y jóvenes. ¿Qué conseguiríamos con esta mirada más inclusiva? Estoy convencida de que lograríamos que cada niño o aprendiz pudiese desarrollarse a su propia manera y a su ritmo para que estuviese preparado, personal y académicamente, para afrontar la vida con ilusión y determinación.

Después de todo lo expuesto, los centros escolares y, me atrevo a afirmar que también las familias, deberían convertirse en espacios inclusivos y equitativos, que no igualitarios, en los que se desarrollen propuestas que tengan presente y se responda a las particularidades de todos los niños y jóvenes, sin olvidar a ninguno, convirtiéndolos en protagonistas reales de su vida y aprendizaje.

En la sociedad actual, la diversidad frecuentemente molesta y asusta… quizás nunca nos hemos parado a pensar qué sucedería si todos fuésemos iguales…

3.
La era de la personalización

«El objetivo principal de la educación es crear personas capaces de hacer cosas nuevas y no simplemente repetir lo que otras generaciones hicieron».

JEAN PIAGET

En el mundo cambiante e incierto en el que nuestros hijos y alumnos crecen y aprenden a un ritmo que, en ocasiones, va demasiado deprisa, la búsqueda de la personalización se ha convertido en un bien muy preciado. En consecuencia, en los últimos años ha crecido exponencialmente la búsqueda de todo aquello que puede parecer «personalizado». Si miras a tu alrededor, te darás cuenta de que es así. Nos gusta comprar productos o experiencias que parecen que han sido diseñadas únicamente para nosotros. Buscamos productos únicos, singulares y hasta participamos en el diseño de estos, buscando que sean excepcionales y exclusivos. Las marcas conocen nuestro interés por la personalización y nos permiten colaborar en esta tarea. Queremos dejar huella, física o visualmente, personalizando nuestros artículos y dando a conocer nuestras elecciones personales. ¡Quién se ha podido resistir a comprar una lata de refresco o un bote de cacao cuando nos hemos dado cuenta de que aparecía nuestro nombre escrito en él!

Deseamos que nos reconozcan, que sepan cómo somos, qué nos interesa o necesitamos, o hasta dónde somos capaces de llegar o crear. Esta búsqueda de personalización se acepta porque parece enriquecer lo que somos y cómo somos, anima a transformar, buscar la sinergia con otras personas y sus capacidades y destrezas, lo que implica aceptar distintas formas de actuar, expresar y cooperar.

La personalización en el mundo educativo

El mundo de la personalización parece ser deseable para todos y desde esta coyuntura me pregunto: ¿qué significa personalizar en el mundo educativo? ¿Supone crear «un producto exclusivo» para cada niño o joven? ¿Qué deberían hacer la escuela o las familias para personalizar su atención educativa? Una propuesta educativa personalizadora debería atender las necesidades particulares de cada aprendiz para que este pueda conseguir la excelencia personal y educativa.

En educación urge redimensionar lo humano, y esto podemos hacerlo apostando por la educación personalizada. La educación debería tener como objetivo principal acompañar y formar individuos felices, autónomos y responsables, capaces de compartir la vida con los demás. Individuos que se conviertan en ciudadanos solidarios con capacidad para desarrollar sus facultades y aportar al mundo, contribuyendo en su mejora personal y social.

Entonces, ¿puede ayudarnos en este gran objetivo la educación personalizada y la personalización del mundo educativo?

Educación personalizada: una apuesta por la personalización del aprendizaje

Podemos definir la educación personalizada como una concepción educativa, con fines pedagógicos, abierta a todas aquellas aportaciones que ayudan al respeto de las cualidades y las posibilidades singulares de cada individuo.[1] Concede a la persona el poder de «ser ella misma» y en ella quedan encuadradas su singularidad, su autonomía, su dignidad, su libertad y, también, la responsabilidad para actuar. En definitiva, posibilita que cada individuo pueda salir de sí mismo para comunicarse con los demás y con el medio que lo rodea, potenciando la alegría de vivir y afrontar lo que va sucediendo desde la posibilidad y la fortaleza.

Recuerdo cuando Patricia, una gran docente e investigadora educativa, me explicó por primera vez los fundamentos

---

1. Bernardo, J., Javaloyes, J. y Calderero, J. F. (2018). *Cómo personalizar la educación. Una solución de futuro*. Editorial Narcea.

en los que se basa la educación personalizada. Fue ella quien me hizo reflexionar sobre la importancia de dotar al proceso de aprendizaje de la capacidad de respetar a cada uno de los individuos que participen en él para favorecer su proceso de desarrollo personal y social de los individuos. La importancia de reconocer en cada persona la capacidad de ser libre y desarrollar todas sus capacidades y virtudes en beneficio de su desarrollo integral y su proyecto de vida.

Los años de investigación en este campo me han llevado a poder afirmar que la apuesta por la personalización del aprendizaje se fundamenta en su capacidad para convertir el proceso educativo en un camino de formación personal, admitiendo todas las corrientes de pensamiento, sistemas, métodos, técnicas y estrategias que contribuyan a la formación, la capacitación y la mejora de cada persona. Este maravilloso objetivo ayuda a educar a toda la persona y a cada persona, convirtiéndola en el fin último de la educación.

Otro de los grandes propósitos de la educación personalizada es ayudar a cada individuo a forjar su carácter. Dentro de este carácter se incluyen los sentimientos, las emociones, las tendencias, los impulsos y las pasiones. Además, pretende enseñar a cada individuo a pensar, a analizar hechos y generar ideas, a fortalecer su voluntad y a obtener virtudes para su desarrollo integral en un clima intelectual que estimule su sentido crítico, su confianza y responsabilidad. Lleva a la adquisición de valores, virtudes y defectos, acompañando a cada aprendiz a conocerse y a aceptarse como es. Por último, impulsa el proceso de pensar y reflexionar, además de dotar de importancia a la memoria, la imaginación y la creatividad.

Desde esta perspectiva, deberíamos ver a cada uno de nuestros hijos o estudiantes como seres peculiares, con identidades únicas, autónomos y creativos con capacidad para argumentar y resolver problemas, reconociendo sus potencialidades y fortalezas.

En este camino, la adquisición de conocimientos y el desarrollo de habilidades relacionadas con la investigación, el pensamiento crítico y la resolución de retos y problemas posibilitará que se conviertan en los principales responsables en la toma de decisiones, capaces de enfrentarse y disfrutar con el aprendizaje e interaccionar con el mundo real, con conciencia, libertad y conocimiento, pudiendo contribuir positivamente en él.

Además, la educación personalizada reconoce que todo ser posee posibilidades personales para explorar y para transformar el contexto que le rodea y estar abierto a la interacción con los demás. Esta necesidad de apertura y comunicación con el mundo le facilita ampliar su horizonte personal y, así, convivir, comprender, crear relaciones familiares, sociales y de amistad adecuadas y de calidad.

Considerando todo lo anteriormente expuesto, un enfoque de enseñanza-aprendizaje personalizador determina qué, para qué y cómo debe aprender nuestro hijo o alumno, y también define cuál es su papel en el proceso educativo, convirtiendo la intervención educadora en una maravillosa oportunidad de crecimiento y transformación a lo largo de toda la vida. El acompañamiento del niño o joven en su proceso de aprendizaje otorga valor a sus ilusiones y al esfuerzo de trabajar por ellas.

La utilización de distintas estrategias posibilitará promover el valor personal y reconocer la capacidad de cada alumno para aprender. Se deberán proponer situaciones en las que el estudiante pueda tomar la iniciativa, aprenda a ser valiente y a persistir, sabiendo evaluar sus actos. Se favorecerán procesos que les permitan conocerse, respetarse y mostrar respeto hacia los demás.

De esta manera, cualquier actividad educativa personalizada se convierte en un maravilloso medio para educar, contribuyendo a la formación de cada niño o joven de manera significativa y libre, buscando la excelencia personal y académica de cada uno de ellos. Trabajar por la adecuación del proceso educativo a las peculiaridades de cada uno de ellos implica la definición de actuaciones educativas con objetivos y técnicas adecuadas para que puedan llegar a su máximo desarrollo, maduración y nivel de capacidad.

No es lo mismo personalizar que individualizar o diferenciar

Se llamaba Clara y tenía seis años cuando fui su tutora. Clara tenía unos grandes ojos azules y una sonrisa que escondía sus dificultades para entender lo que explicábamos y hacíamos en clase. Le costó muchísimo aprender a leer y escribir. Para ella los problemas matemáticos se convertían en gigantes que la asustaban y la entristecían porque no se veía capaz de derrotarlos. Clara disfrutaba jugando en el patio. No tenía muchos amigos, pero le gustaba correr dando vueltas hasta agotarse. Necesitaba mirarme y saber que yo estaba allí, eso le valía. Clara sabía que yo era una profesora exigente, que quería que aprendiese como lo hacían los demás. Ahora sé que en muchos aspectos me equivoqué acompañando a Clara. Intenté, durante dos años, que llegase a los mismos objetivos que el resto de sus compañeros. Me esforcé para que no se quedase atrás, para que se sintiese parte del grupo, y volví a errar. Me esforcé para que mi instrucción se acomodase a las necesidades de aprendizaje del grupo diseñando metas de aprendizaje iguales para todos, ofreciendo tiempos y recursos distintos, pero con el objetivo de que todos llegasen al mismo lugar. Les intenté acompañar ofreciéndoles un *feedback* para establecer qué pasos dar en cada momento, pero Clara no necesitaba eso, precisaba de mucho más tiempo para avanzar por el currículum y poder conseguir sus propios objetivos.

¿Cuántas veces hemos pedido a un niño o joven aquello que en ese momento no es capaz de dar? En mi interés para que Clara fuese igual que el grupo, me incliné por la diferenciación dividiendo a los alumnos en grupos, vinculando los objetivos académicos del currículo a las capacidades e intereses de los distintos estudiantes, ofreciendo distintos caminos de aprendizaje. En definitiva, exigir cosas distintas y utilizando métodos y recursos variados, pero con la idea de que todos debían llegar, al final del proceso, a conseguir las mismas metas de aprendizaje. Así, no volví a darme cuenta de que Clara no podía lograrlo y otros alumnos tampoco podían hacerlo. Flexibilicé la evaluación, pero olvidé que dar respuesta a la singularidad de cada uno de ellos era mucho más importante que evaluar sus resultados.

Personalizar no es sinónimo de individualizar, no es lo mismo individualizar el proceso de la enseñanza-aprendizaje que personalizarlo. La personalización se aleja de una atención individualizada que intenta adecuar la enseñanza, que no el aprendizaje, a un alumno en particular para que sea capaz de lograr los objetivos establecidos para su edad. En la individualización, el protagonismo lo asume principalmente el docente, quien se convierte en el encargado de realizar propuestas, de un mismo currículum, determinando qué se trabaja y cómo, cuál será el enfoque y la complejidad de los contenidos que se trabajarán y estableciendo metas iguales para todos los aprendices. Optar por la personalización permite acomodar la instrucción al perfil de cada aprendiz, teniendo en cuenta sus necesidades reales de aprendizaje, de acuerdo con sus características y preferencias, personalizando también los objetivos, los contenidos, así como los métodos que faciliten su proceso. Supone además involucrar a cada niño o joven en su aprendizaje proponiéndole la apertura hacia todo aquello que le rodea y dándole la posibilidad de salir de él mismo para comunicarse con los demás. Adaptar el ritmo, la profundidad y la complejidad a los requisitos personales y educativos que vayan apareciendo, ayudándole a detectar las propias carencias personales y realizar conjuntamente un programa de intervención que pueda mejorarlas.

Cuando se personaliza, estamos animando la participación y la solidaridad, la interacción con el contexto y la toma de decisiones con libertad. Esta opción promueve el compromiso para saber actuar con orden, rigurosidad y disciplina. Si hubiese sido capaz de partir de este enfoque inclusivo y no de una tendencia más homogeneizadora, podría haber conseguido pensar menos en la instrucción y centrarme más en Clara y en sus propias necesidades particulares y diferenciadas, en sus pasiones y en sus aspiraciones, permitiéndole avanzar mucho más adecuadamente en su aprendizaje. En consecuencia, hubiese puesto más esfuerzo en animarla a participar activamente en el diseño de su aprendizaje, como propietaria y responsable del mismo, fijándome no únicamente en sus dificultades, sino valorando su competencia para elegir y ser la gran protagonista de su proceso.

En pocas palabras...

En definitiva, un modelo de educación personalizada permite que el niño o alumno, considerado como una persona única, irrepetible y singular, con un modo de ser y aprender característico, pueda acceder a experiencias educativas que se ajusten a sus particularidades, posibilitando que avance con, no «como», el resto de sus compañeros. Así, se aleja de insistir únicamente en las dificultades y abre la mirada a reconocer las posibilidades, centrándose más en potenciar el aprendizaje activo que la enseñanza. Involucra a los niños y jóvenes durante todo el proceso, exigiéndoles compromiso, participación y persistencia y les otorga la posibilidad de tomar el control de su propio aprendizaje con confianza y autonomía.

Durante este proceso se trabaja en la rentabilización de los tiempos y los recursos, teniendo como propósitos finales el logro del éxito escolar, la excelencia y el desarrollo de las competencias. Las dificultades no se ocultan, sino que se encaran para darles una respuesta real. La personalización invita también a salir de uno mismo posibilitando la conexión con los otros, desde la escucha y el respeto mutuo. Además, ofrece recursos y apoyo para que las nuevas generaciones sean capaces de adquirir y aplicar sus conocimientos, habilidades e ideas con confianza en sí mismos y en sus principales posibilidades y con una mayor capacidad para interactuar eficazmente con otras personas y con el entorno que les rodee.

Mediante este enfoque, a los niños y jóvenes se les permite avanzar a su propio ritmo, tener tiempo para dominar los objetivos que se establecen para cada materia y, en consecuencia, que puedan alcanzarlos. Esta forma de enseñar y aprender enlaza con el propósito principal del aprendizaje personalizado, que no es otro, que el desarrollo óptimo del potencial de cada estudiante.

Desde esta mirada inclusiva y respetuosa, el resultado de la educación en casa y en la escuela pretende lograr altos niveles de aprendizaje ofreciendo respuestas de intervención oportunas desde el respeto de las necesidades individuales de cada niño o joven, entendiendo que todos ellos son distintos y diversos. Para conseguir este cometido es preciso fomentar una educación integral y flexible, que permita la adquisición, no únicamente de conocimientos y destrezas, sino también de aquellas competencias que los capaciten para la vida y que permitan fomentar su bienestar personal y social.

La personalización nos debería acercar al propósito más importante en nuestras vidas que no es otro que el que cada individuo pueda llegar a ser feliz aprendiendo y sintiendo que no está solo y que forma parte de un sistema que respeta su singularidad y le permite desarrollarse como una persona plena.

4.
El triángulo educativo:
un taburete con diversas patas

«Somos modelos, de otros modelos, a los que
antes se han imitado».

YOLANDA LÓPEZ IGLESIAS

Los seres humanos necesitamos relacionarnos con los demás.
Este anhelo se encuentra en nuestro ADN, ya que somos seres
sociales por naturaleza. Desde que nacemos, buscamos y necesitamos la aceptación y la valoración de las personas que nos
rodean. Nos gusta formar parte de un grupo o proyecto porque nos sentimos en sintonía con los valores que se transmiten
y por los que se trabaja. Esto nos hace sentir más integrados y
con ganas de esforzarnos para alcanzar los objetivos comunes.

En relación con la comunicación dentro de un equipo
o comunidad, sus miembros esperan sentirse escuchados y
valorados, desempeñar un papel relevante dentro de él. Sentirse acompañado y respetado tiene un impacto directo en
nuestra autoestima y salud.

Siempre me he preguntado por qué en algunas comunidades educativas cuesta tanto entenderse y trabajar en una misma dirección. En la mayoría de los asesoramientos pedagógicos que realizo en instituciones escolares de diversa tipología, los factores que influyen negativamente en el desarrollo de sus proyectos están relacionados principalmente con las dificultades de comunicación que se producen entre sus miembros. Si deseamos realmente que se produzca un verdadero giro hacia la personalización y hacia la inclusión, necesitamos coordinarnos y reconocer que nos necesitamos.

Cuando hay problemas, parece que la opción más recurrente es echarle la culpa al que encontramos a nuestro lado. Así que los equipos directivos acusan al profesorado de su poca implicación y sensibilidad, el profesorado acusa a las familias de su laxitud y mínimo respeto hacia su trabajo, las familias expresan su queja hacia el profesorado por no entenderlas o preocuparse por sus hijos; y los hijos o alumnos se lamentan de que aquello que sucede en la escuela tiene poco que ver con lo que necesitan.

Romper con estas dinámicas es un gran reto, ya que este tipo de situaciones dificulta gravemente el trabajo común y la confianza mutua. Por este motivo, cuanto más capaces seamos de acercar posturas y crear lazos y vínculos respetuosos de conexión, más sencillo será enfocarnos en las prioridades, establecer relaciones profundas y duraderas y diseñar medidas organizativas, metodológicas y curriculares alineadas con los propósitos que se quieren conseguir.

Hace pocos días me reuní con el equipo directivo de una

importante institución educativa. Sus miembros me explicaban que estaban preocupados porque tenían la sensación de que el claustro de profesores cada vez estaba más desmotivado y esto estaba afectando directamente en el aprendizaje del alumnado y creando malestar en muchas familias. Expresaban con mucha seguridad que esta era la razón que había provocado que hubiese bajado casi un 30 % el número de las matriculaciones en su institución. Después de escucharles atentamente les pregunté si habían hablado sobre ello con sus docentes, y varios de sus miembros expresaron que no tenían tiempo para esas tonterías. No podían malgastar su tiempo con tantos frentes abiertos. Tras ello, lo entendí todo. No tardé en advertir que el problema residía en la falta de comunicación dentro de la institución y que, si deseaban revertir la situación, necesitaban ampliar la capacidad de escucha y mejorar sus expectativas hacia todos los miembros que formaban parte de aquella comunidad.

De esta manera nunca podremos crear un verdadero sentido de pertenencia en un equipo o comunidad y dar respuesta a las necesidades y dificultades que vayan apareciendo en ella, es decir, si no estamos dispuestos a dedicar nuestro tiempo a observar situaciones y actitudes, a escuchar a todos sus miembros y a alimentar la confianza motivando la participación y el respeto mutuo. Una adecuada gestión de los intercambios posibilitará evitar posturas que puedan llegar a influir negativamente en la relación de sus integrantes.

Contrariamente, un modelo personalizador apuesta por la creación de equipos y comunidades educativas formadas por miembros que se sientan en sintonía con sus valores y quieran colaborar para trabajar por un proyecto en el que se reduzcan las barreras, en el que desaparezcan las prácticas segregadoras y en el que cada persona pueda encontrar su lugar y nadie quede al margen.

De igual manera, cuando en una familia se produce una buena comunicación entre sus miembros, sin duda esto genera situaciones en las que padres e hijos se conocen y respetan, pueden expresar lo que piensan y sienten con libertad y sin miedo a ser juzgados, en las que las dificultades se encaran formando equipo desde el respeto y la asertividad, convirtiendo estos valores en los pilares básicos para la convivencia.

Cuando era una niña, los domingos por la tarde en casa se celebraba la «reunión familiar semanal». Mis padres nos invitaban a sentarnos en el sofá, se apagaba la televisión y comenzaba un tiempo para que cada miembro de la familia explicase cómo le había ido en la semana. Si soy sincera, ni yo ni mis hermanas teníamos ganas de participar por la pereza que nos daba tener que pensar, pero ahora, cuando recuerdo aquellos momentos, valoro el bien que nos hizo para aprender a expresar sin miedo lo que hacíamos y sentirnos apoyadas. También fue muy importante para aprender a escuchar y a revisar cómo iban sucediendo las cosas.

Mis padres trabajaron más de treinta años en el Ayuntamiento de la ciudad en la que residíamos, dedicados a la atención de los colectivos más vulnerables. Cuando era su turno, nos explicaban situaciones que habían vivido con algunos de los usuarios con quienes se relacionaban y siempre acababan explicando una anécdota divertida o describían algún hecho que les había exigido buscar una solución para resolverlo. Después de ellos, las tres hermanas nos animábamos a explicar cómo había ido el colegio o los entrenamientos de baloncesto y siempre acabábamos explicando algo que nos preocupaba o cómo nos habíamos sentido en una situación determinada. Nos escuchábamos con atención, nos dábamos consejos y acabábamos el encuentro con muchas risas.

Creo que este sencillo ejercicio me enseñó a escuchar, a cuestionarme, a entender algunos de los porqués de algunas decisiones, a encarar las críticas de manera constructiva. En definitiva, a poner al mismo nivel lo que yo expreso o necesito con lo que necesitan o sienten los demás. A este ejercicio se le llama empatía.

El triángulo educativo

La escuela se convierte en un organismo vivo donde se vive, se interactúa, se genera, se avanza y las personas se desarrollan. Junto a ella, otros agentes intentan acompañar a los verdaderos protagonistas de cualquier proceso educativo, que no son otros que los niños y jóvenes.

Me gusta hablar del triángulo educativo porque me permite situar a todos los agentes que trabajan y acompañan a un niño o joven en su proceso de crecimiento y aprendizaje. En el medio siempre sitúo al alumno, por estar en el centro de su aprendizaje, no por ser el foco de todo, sino como protagonista y responsable último del mismo. Alrededor de él se encuentra el profesorado, la familia y el contexto. La relación que se produce entre ellos influye directamente en el desarrollo escolar y personal de los estudiantes y en su éxito educativo, por ello, es necesario desarrollar formas efectivas para involucrar a todos y trabajar conjuntamente en una misma dirección.

La mejora educativa pasa por impulsar propuestas basadas en el respeto y la inclusión para que todos los miembros del triángulo se apoyen entre sí, mejorando su presencia y participación. Para que esto suceda, el engranaje debe ser perfecto, igual que la motivación y el nivel de implicación de todos.

Los centros educativos deben convertirse en lugares donde se tengan presentes las particularidades de todos los estudiantes y las de sus familias, donde se produzcan intercambios enriquecedores, donde se debata y se llegue a soluciones beneficiosas para todos. Un lugar donde la participación engrandezca el proyecto y el talento de sus integrantes. La relación fluida entre la escuela y la comunidad que la conforma se convierte en un elemento imprescindible para que se compartan experiencias y objetivos. Hoy, más que nunca, necesitamos crear oportunidades que posibiliten conocer el trabajo que realiza cada uno de los agentes. Para que esto suceda, se necesitan dos elementos irremplazables: la escucha y la confianza.

Ahora te voy a pedir que participes en un sencillo ejercicio. Piensa en un taburete de tres patas. Como bien sabes, todas las patas son importantes, una no lo es más que otra. Todas consiguen sostener a aquel que se sienta sobre él. Se diferencia de una silla por su falta de reposabrazos y respaldo; por ello, quien toma asiento necesita poseer cierta autonomía y sentirse seguro. Si la persona no está activa y atenta, puede caer fácilmente de él. Por otro lado, si una de las patas falla, todo se tambalea. El alumno, en su papel activo dentro del proceso de aprendizaje, debe ser capaz de sentarse sobre él abriéndose al conocimiento y a todo lo que el ambiente le ofrece. La familia, el profesorado y el contexto, en una colaboración recíproca, se convierten en patas que se esfuerzan en sujetarle, protegerle y guiarle, garantizando situaciones de aprendizaje significativas que le permitan avanzar. Como ya se ha adelantado: si una de las patas falla, todo fluctúa y podría venirse abajo.

Para responder al gran desafío de apoyar y acompañar, el trabajo y las interacciones que se producen entre los distintos personajes (que a partir de ahora llamaremos agentes educativos: alumnado, cuerpo docente y, por supuesto, las familias y el propio contexto) adquieren un papel fundamental. Unos sin los otros no son nada y el éxito educativo no sería posible sin el desempeño de todos.

Si se acepta desde una visión personalizadora el papel insustituible de cada agente, se activa la necesidad de una redefinición del rol que debe ejercer cada uno de ellos para favorecer que el proceso de aprendizaje de cada niño y joven sea un verdadero éxito. Un rol se construye y se desarrolla exigiendo esfuerzo y liderazgo. Por este motivo es importante conocer el papel a desarrollar por cada grupo para lograr un engranaje eficaz basado en la confianza y en la responsabilidad que permita trabajar con firmeza y de forma comprometida por una educación más equitativa y personalizadora.

El papel de la familia

La familia es el primer contexto de desarrollo personal y escolar de los hijos como agente condicionante de su educación y «se convierte en un sistema complejo donde múltiples individuos y componentes, en diversos y cambiantes contextos sociales, interactúan, influyen en la definición de cada miembro, en el desarrollo temprano de su motivación intrínseca en la gestión del fracaso o en el compromiso que adquiere cada escolar con la tarea».[2]

Las características y la forma de proceder de cada familia median, de forma positiva o negativa, en el desarrollo de sus hijos. La diversidad de las dinámicas familiares, las creencias y los valores, así como las oportunidades que los padres ofrecen a cada uno de sus hijos, tienen un impacto directo sobre ellos.

En las entrevistas que realizo con algunas familias noto que en ocasiones cuesta que los padres tengan una visión

---

2. Olszewski-Kubilius, P. M., Thomson, D. L. y Lee, S. L. (2014). Family environment and social development in gifted students. *The Gifted Child Quarterly*, 58, 119–216.

realista de sus hijos y de aquello que sucede en las aulas.
Y es que un porcentaje elevado muestra dificultades para
asumir las dificultades que su hijo presenta, otro porcentaje tiene dificultad para reconocer que deberían mejorar la
conducta y algunos desvaloran sus capacidades. Algunos de
ellos muestran desconfianza hacia el trabajo que efectúan
los profesionales que comparten el día con sus hijos y otros
identifican claramente todo lo que se hace para favorecer su
buen desarrollo.

Como padres deberíamos poder conocer en profundidad cómo son nuestros hijos y encontrar el equilibrio entre
el acompañamiento personal que realizamos y la confianza
que otorgamos a los profesionales que conviven y trabajan
diariamente educándoles. Un niño debe sentir que los adultos que le acompañan confían en él, que trabajan conjuntamente para darle alas para dibujar su propio camino, sin
expectativas que le ahoguen o con críticas destructivas sobre
sus tropiezos, con comprensión y exigencia para que sea capaz de desarrollar su potencial físico, emocional e intelectual
al máximo.

La unión de criterios entre el entorno escolar y la familia,
así como la valoración del contexto y los entornos sociales
cercanos, se convierten en factores fundamentales para establecer relaciones que aseguren un adecuado funcionamiento
en el camino de la personalización. Esta dinámica permitirá
acercar las familias y la sociedad a la escuela y llevar la escuela a la vida familiar y social. Otorgar un papel destacado
a la mejora de la comunicación a través de la cooperación,

el respeto y el fomento del intercambio dotará de sentido y calidad al proceso de acompañamiento.

La desconfianza siempre se convierte en un mal compañero de viaje porque impide el progreso, la evolución y remar en la misma dirección. Para evitar esta situación y habilitar canales de comunicación adecuados, la organización de jornadas, actividades o iniciativas formativas donde participe el profesorado y las familias conjuntamente, entre otras iniciativas, pueden convertirse en estupendas oportunidades para conocerse mejor y atender los intereses mutuos, pudiendo establecer una relación más abierta y sincera.

Siempre he pensado que los padres nos dejan a los profesionales de la educación en la puerta del colegio el tesoro más precioso que poseen: sus hijos. También creo que aún no he conocido a un verdadero docente que no trabaje incansablemente por el bien de sus estudiantes. Ser padre es una tarea muy difícil y ser docente también lo es; por ello, ¿no se convierte en la opción más ventajosa para todos poder mostrar interés y respeto mutuo? ¿Por qué no tener planes que favorezcan una adecuada atención personalizada familiar y un intercambio que priorice el bienestar y la orientación de los niños desde un punto de vista multidisciplinar?

Los planes familiares personalizados

Un elemento diferenciador y muy valioso en el proceso de personalización del aprendizaje que las escuelas pueden poner en práctica es el denominado *plan familiar personalizado para cada familia*. Esta iniciativa tiene como objetivo principal motivar el intercambio de información y la acción conjunta entre docentes y progenitores para favorecer el desarrollo afectivo, intelectual y emocional de cada niño o joven y la obtención de mayores logros educativos.

Durante la redacción del plan familiar personalizado se debe tener en cuenta la tipología de cada familia y la forma de proceder de cada una de ellas por su influencia en el desarrollo personal y académico de cada estudiante. Para su implantación, el docente se compromete a reunirse con cada familia una vez iniciado el curso para compartir inquietudes, conversar sobre las potencialidades y necesidades que se detectan en aquel momento y de todos aquellos temas que puedan interesar o preocupar a alguno de los dos. Esto requiere tener conversaciones para conocer la visión del alumno sobre el aprendizaje y su vivencia en el colegio, para descubrir el tipo de relación que establece en casa con los padres y el resto de familiares, sobre sus amistades, aficiones, hábitos de orden y autonomía, sus dificultades y progresos, entre otros temas.

Este intercambio posibilitará el enriquecimiento mutuo y establecer metas comunes para dar respuesta a las necesidades y potencialidades particulares que se vayan detectando, además de asegurar el desarrollo pleno de las capacidades de cada estudiante. Asimismo, será de gran importancia establecer cómo compartir con el niño o joven este trabajo conjunto entre docentes y familias para que conozca los propósitos que se quieren lograr y sienta el interés compartido por su progreso personal y escolar.

Tener una comunicación respetuosa y continua y determinar la información que debe recoger el plan familiar personalizado facilitará la programación de acciones que posibiliten conseguir los objetivos que nos propongamos. El plan recogerá los datos personales del alumno, la concreción de los objetivos trimestrales o semestrales que se pretenden lograr para estimular el desarrollo máximo del estudiante, la descripción de las responsabilidades y los compromisos que asumirá cada parte para conseguir estos propósitos, la concreción de las entrevistas que se realizarán así como la evaluación trimestral del trabajo conjunto realizado que posibilitará valorar el grado de consecución de los propósitos y determinar los aspectos que es necesario modificar, readaptar o seguir trabajando.

En pocas palabras...

Si queremos mejorar el desarrollo integral y el rendimiento escolar de cada aprendiz, este proceso pasa por dotar con un papel activo a las familias, ya que se convierten en el primer contexto responsable de la educación emocional e intelectual de sus hijos. Nuestra sociedad necesita de padres orgullosos de serlo, que dediquen día tras día su tiempo y esfuerzo para acompañar a sus hijos en el aprendizaje de valores que los llevarán a ser grandes personas y estudiantes. Que reconozcan que cada hijo es singular y que necesita tiempo y posibilidades para aprender y avanzar.

Es por ello que la colaboración entre el profesorado y los progenitores, a través de relaciones positivas, se convierte en una maravillosa oportunidad para impulsar el desarrollo integral de cada niño y adolescente, consiguiendo así dar respuesta a sus necesidades y aspiraciones personales. Definir las funciones que competen a cada contexto y generar espacios y acciones que faciliten el intercambio y la colaboración posibilitará acompañar de una forma personalizada a los futuros ciudadanos de nuestra sociedad.

5.
El nuevo traje del docente

«Quien no sabe guiarse no será capaz de guiar a los demás».

YOLANDA LÓPEZ IGLESIAS

Albert Camus afirmaba que hay que tener la capacidad de reconocer, en un colectivo, a las mejores personas. Tras recordar esta cita pienso que el mundo de la educación debería estar repleto de este tipo de individuos. ¡Necesitamos a los mejores docentes en nuestras aulas y necesitamos los mejores padres en nuestras familias!

En nuestras escuelas precisamos personas que amen su profesión, que conecten con sus alumnos, que eduquen con su ejemplo, que se entreguen a su trabajo con la misma ilusión con la que lo hicieron la primera vez que se pusieron delante de un grupo de estudiantes. Que creen un espacio seguro y afectivo donde el niño o joven trabaje motivado.

Soy docente. Combino mi jornada laboral siendo maestra

en educación primaria e impartiendo docencia universitaria. Me apasiona enseñar y, por supuesto, aprender, y disfruto mucho con lo que hago. Valoro tanto mi trabajo que cuando deje de disfrutar con él estoy convencida de que cambiaré de oficio. Ser docente es una profesión vocacional y exigente que implica mucha responsabilidad, creatividad y un importante tándem entre la observación y la acción. Cuando te enamoras de esta profesión eres capaz de dar lo mejor de ti mismo para acompañar y formar a las nuevas generaciones, esto es lo que yo intento hacer hace más de veinticinco años.

Cuando era pequeña, antes de irnos a dormir, mi padre jugaba una partida de ajedrez con mis hermanas y conmigo. El momento se convirtió en un ritual que esperaba con mucha ilusión. Me gustaba observar a mi padre mientras colocaba las piezas sobre el tablero. Siempre lo hacía en silencio y muy concentrado. Cuando acababa, invitaba a una de nosotras a ponerse delante de él y empezaba la partida. Nos recordaba que quien ganara elegiría la hora en la que podía ir a dormir. Nunca logramos ganarle, siempre fue él quien decidió la hora de ir a descansar. A veces nos enfadábamos con él por su exigencia y rigor, porque no se dejaba ganar nunca. Él nos miraba y nos explicaba que no se dejaría ganar porque en ese caso nos estaría engañando y él, en esos momentos, jugaba mejor que nosotras porque sabía más y tenía mucha más experiencia. Nos explicaba que no se cansaría de explicarnos las jugadas con paciencia, una y otra vez, para que las entendiésemos y después pudiésemos reproducirlas y hasta mejorarlas. Aquel momento en casa era sumamente especial, ya que todas las hermanas buscábamos conjuntamente estrategias para poder vencerle.

Ahora, cuando juego ajedrez con mis sobrinos o alumnos nunca me dejo ganar; si lo hiciese, no hubiese entendido lo que mi padre quiso enseñarnos en aquellas noches compartidas. El docente es una pieza central en el funcionamiento de las escuelas por su capacidad para transmitir saberes, competencias y valores. Se convierte en un especialista y guía, en un ejemplo de acompañamiento, de sabiduría y proximidad.

Siempre he creído que un buen educador deja huella en sus estudiantes y lo hace con respeto y exigencia, con ilusión y empeño por convertirse en un verdadero agente del cambio educativo. Ojalá que todos podamos parecernos a estos buenos docentes, profesionales que recordaremos para siempre no por lo que dijeron alguna vez, sino por lo que hicieron y nos hicieron sentir.

Como una barca en el mar, la personalización exige de un buen capitán

Quien ha podido disfrutar de un crucero en barca por el mar habrá descubierto la importancia que adquiere que un buen capitán esté al mando del barco. Este se convierte en la máxima autoridad y se responsabiliza de que cada aspecto importante previo al viaje esté resuelto. También debe tener preparada la embarcación para cuando llegue el momento de zarpar. El capitán, como máxima autoridad en el barco, coordina y controla todas las actividades que se realizan a bordo y es capaz de establecer, con máxima precisión, el rumbo y la velocidad de crucero rodeándose de una tripulación con la que trabaja para conseguir llegar a puerto a salvo. La educación personalizada otorga al profesor un papel similar al de un capitán. Se convierte en un líder y mentor, adquiriendo la responsabilidad de guiar y acompañar a cada aprendiz en su progreso educativo. De esta manera, adquiere, como labor principal, atender las necesidades personales y educativas de su alumnado, sabiéndolas identificar y trabajando para darles respuesta desde la orientación personal, académica y profesional. Con una formación amplia y como especialista de la educación, posee capacidades personales, emocionales y sociales que le permiten responder de una manera constructiva y sensible a las necesidades y particularidades de cada alumno y de cada familia y a las que le exige la propia sociedad. Como experto en su materia, deja de ser únicamente un dispensador de saberes para convertirse en un facilitador del aprendizaje profundo, sabiendo abrir las puertas de las aulas al mundo y dejando que el mundo real entre dentro de ellas. Es capaz no solo de transmitir conocimiento, sino también valores creando situaciones en las que el alumno aprende a partir de su propia práctica, desde perspectivas diferentes, buscando soluciones a los desafíos que se le plantean.

El profesor personalizador abandona la pedagogía de la repetición para potenciar el pensamiento divergente, para que los estudiantes puedan llegar a soluciones efectivas a partir de un aprendizaje basado en el descubrimiento y la potenciación de la creatividad. Enseña a sus estudiantes a pensar de forma divergente, pretendiendo el desarrollo de mentalidades innovadoras y emprendedoras. También es capaz de flexibilizar las dinámicas en el aula huyendo de un currículo uniforme e idéntico en contenido, forma y velocidad para todos los estudiantes, optando por propuestas diversas que pueden responder a los intereses de su alumnado.

¿Es posible esta profesión sin pasión?

Espero que mientras lees estas líneas pueda aparecer en tu mente el nombre de algún docente con características similares a las que describo. Si es así, coincidirás conmigo en que son personas a las que no olvidas jamás, que influyen de forma muy significativa en tu vida y te regalan grandes enseñanzas. Esto sucede especialmente por la pasión que demuestran, por su capacidad de comprender y acompañar a los estudiantes convirtiéndose en un modelo a imitar.

A la edad de cinco años tuve una maravillosa profesora llamada Pilar. La recuerdo como una docente buena, seria pero, a la vez, muy cariñosa, que sabía equilibrar la exigencia y el respeto hacia cada uno de los alumnos que había en la clase. Pilar me enseñó a leer, a escribir y a enamorarme de la lectura. Pero lo que más me gustaba de ella es que siempre me llamaba por mi nombre, sentía que se preocupaba por mí, que me conocía y me daba aquello que necesitaba. Me hizo creer que sería capaz de hacer todo lo que me propusiese si estaba dispuesta a esforzarme. Cuando hablábamos de Pilar en casa lo hacíamos con mucho respeto y admiración, y yo repetía a mis padres que cuando fuese mayor quería ser profesora como ella. Creo que Pilar fue la que me hizo querer y respetar esta profesión como lo hago ahora. Después de esta primera docente he tenido a muchos otros que me han demostrado que enseñar es una de las profesiones más maravillosas del mundo.

Un profesor que cree en la personalización muestra una actitud de servicio y entrega hacia sus estudiantes y se empeña en ayudar y orientar en las dificultades y aspiraciones de su alumnado. Es capaz de reconocer la diferencia y defender el principio de equidad de oportunidades, considerando a cada alumno como un ser excepcional. En su trabajo diario, promueve una educación de calidad y se exige establecer con cada estudiante una comunicación interpersonal profunda, basada en la confianza y la comprensión, en la sinceridad y el conocimiento mutuo. Este acercamiento le permite comprender las particularidades de cada uno de ellos respetándolas y promoviéndolas.

El educador personalizado considera al estudiante como un ser con capacidades, inquietudes y fortalezas para conseguir lo que se propone y analiza con interés cuáles son sus limitaciones y posibilidades, generando experiencias de aprendizaje variadas y estimulantes. El conocimiento personal que posee de cada aprendiz le ayuda a definir su perfil personal y a tomar decisiones que impacten positivamente en su aprendizaje y en su vida. ¿Cómo puede ser que algunas personas sigan desvalorando la importancia que tiene el trabajo que realizan?

Una dura pero apasionante labor

Cada educador cumple un importantísimo papel en el desarrollo personal y académico de cada estudiante. Como ya hemos expresado, educar se convierte en una labor maravillosa, pero también en una práctica altamente compleja, física e intelectualmente. La calidad de un sistema educativo nunca es mejor que la calidad que poseen sus docentes; esto explica por qué necesitamos grandes profesionales de la educación. Precisamos personas formadas que conecten con sus estudiantes, que conozcan sus características como seres únicos que son, que detecten sus necesidades para darles respuesta de la forma más adecuada posible y que abran nuevas perspectivas e impulsen nuevos desafíos.

El profesorado tiene una misión de verdadera importancia, con un inmenso impacto social. En sus manos están, durante muchas horas al día, las futuras promociones de médicos, ingenieros, electricistas, artistas, abogados o deportistas. Y es que educar es un maravilloso cometido que exige tiempo y dedicación, paciencia y mucha preparación. Actualmente, a esta milenaria profesión cada vez se le pide más y se le respeta menos. Se le exige que enseñe, que acompañe, que haga casi de padre y madre cuando existen déficits familiares, que exija y a la vez divierta. No es nada fácil ser docente o educador en el tiempo en el que vivimos. En este sentido, el cuerpo docente se enfrenta a numerosas dificultades: carencias formativas que dificultan poder dar respuesta a las necesidades y fortalezas que encuentran en el aula, falta de recursos materiales, aulas repletas de alumnos, dificultades para resolver conflictos de convivencia entre estudiantes o un aumento elevadísimo del trabajo administrativo que les roba tiempo para lo que es verdaderamente importante, entre otros inconvenientes e impedimentos. Las políticas educativas y las condiciones económicas y laborales que existen en cada país tampoco favorecen su trabajo, valoración ni una educación exitosa.

La sociedad demanda al cuerpo docente, cada vez más preparado, y esta exigencia aparece continuamente en debates que se producen en los medios de comunicación y en las redes sociales donde distintos actores sociales interpelan, ridiculizan y minimizan su labor. Donde frívolamente se evalúa su trabajo, se deslegitiman sus conocimientos o acciones o se expresa la desconfianza hacia su tarea educativa. Se les exige la mejora de los resultados educativos para todos los alumnos, se les adjudica la obligación de dominar el currículum, de educar en temáticas tan distintas como pueden serlo la educación sexual, el uso de distintos dispositivos tecnológicos o gestionar graves problemas de conducta o acoso escolar. Y todo ello deben realizarlo en un sistema escolar jerárquico y rígido, donde no hay tiempo para la reflexión y la creatividad y donde los continuos cambios de leyes, muchas veces impulsadas por personas que pocas horas han pasado en un aula, provocan un amplio desconocimiento por parte de los docentes, que son los encargados de aplicarlas. Todo ello hace que su trabajo se complique y que las expectativas sociales no coincidan con sus posibilidades reales de acción. Estas situaciones producen cansancio, frustración y un sentimiento de incapacidad permanente que les dificulta acompañar con serenidad a los aprendices en su desarrollo personal, académico y social y buscar siempre lo mejor para ellos y para su futuro.

Conocer y respetar el trabajo que realiza cada educador y confiar en él ayudaría a dar valor a todo lo que sucede en las aulas, a reducir la fatiga y la presión. La confianza es básica en cualquier relación, de ahí que las familias y las instituciones educativas deberían confiar más en el trabajo de los profesionales de la educación dotándoles de más libertad para desarrollar su trabajo, apoyando sus decisiones y valorando su implicación.

Todo esto se puede resumir con una frase: dime cómo valora y trata una sociedad a sus docentes y te diré qué importancia se le otorga a la mejora y a la calidad de la educación para sus nuevas generaciones.

El poder de la palabra al oído

Cuando alguien ha sido capaz de dedicarnos una palabra de afecto nos sentimos más seguros y felices. Recuerdo un profesor que dedicaba una palabra distinta a cada uno de sus estudiantes varias veces por semana. Yo era una de las alumnas que esperaba ese momento con mucha emoción, igual que mis compañeros. Antes de irnos a casa se acercaba a cada uno de nosotros y, mientras recogíamos, brevemente nos resaltaba algún aspecto en el que estábamos mejorando, recordaba algún momento de la semana en el que habíamos ayudado a un compañero u obrado en favor de los demás, y nos animaba a mejorar lo que no había ido del todo bien. Esto provocaba que en la clase reinase un clima de confianza, que nos sintiésemos escuchados, seguros y felices de formar parte de aquel grupo. Confiábamos en aquel docente porque sabíamos que nunca nos mentiría y siempre nos ayudaría.

Al docente se le pide compromiso y este hecho le lleva a hacer un seguimiento personalizado de cada estudiante, mostrando confianza en sus posibilidades y ofreciéndole condiciones y recursos que le permitan descubrir su singularidad. Es capaz de potenciar su autonomía e iniciativa personal, aumentando su participación en la clase a partir del desarrollo de hábitos de trabajo que faciliten que cada uno pueda llegar tan lejos, con tanta amplitud, capacidad y competencia, donde le sea posible.

De esta manera, el docente se convierte en un mago capaz de diseñar estrategias pedagógicas y didácticas orientadas a promover el aprendizaje para conducir a cada estudiante al éxito y a la excelencia, personal y académica, a partir de la definición de planes personalizados en los que se recojan objetivos competenciales individuales y grupales y contenidos acordes a las posibilidades y a la progresión de cada aprendiz. No debemos confundirnos y pensar que esto supone una educación «a la carta», sería una utopía pensar que un profesor puede diseñar una clase distinta para cada estudiante, por eso nos referimos a diseñar propuestas que se adapten a las particularidades y demandas de cada alumno.

El docente personalizado otorga importancia a lo que sucede en el aula, cuidando todo lo que acontece en ella. Es capaz de crear entornos de aprendizaje cognitivamente creativos, dinámicos y estimulantes que favorezcan la curiosidad intelectual. Elige las metodologías y las herramientas que permitan en cada momento el perfeccionamiento de las facultades y su apertura a otras realidades que enriquezcan su capacidad para aprender. Como líder influyente, potencia el aprendizaje significativo, profundo y vivencial. Impulsa las relaciones sociales entre el alumnado a través del desarrollo de valores como el compañerismo, la sinceridad, la constancia y la alegría. Desde su rol personalizador, prioriza una evaluación formativa en la que el alumno es el principal protagonista que permite un *feedback* continuo entre el profesor y el estudiante. La evaluación se centra en la capacidad y la motivación y no únicamente en el rendimiento y los resultados, que también son importantes, pero no lo único a alcanzar. El docente favorece que los alumnos aprendan a evaluar su progreso y trabajo (autoevaluación), que puedan evaluar con criterio y rigor el trabajo de otros compañeros (coevaluación) utilizando diferentes técnicas e instrumentos evaluativos acordes a la diversidad del alumnado y de las distintas situaciones.

Quien es acompañado siempre camina más seguro. Aprendemos por imitación y por ello nuestros alumnos y jóvenes necesitan tener referentes adultos que guíen sus pasos, que puedan convertirse en consejeros en el viaje del aprendizaje que nunca acaba y de la vida, que les permite soñar que cada día puede ser un poco mejor.

En pocas palabras...

Un profesor que cree en la personalización es un profesional comprometido con su trabajo, con capacidad para escuchar, mediar y orientar. Capaz de reconocer y respetar la diferencia, con la habilidad de determinar la forma de pensar, sentir o actuar de niños y jóvenes. Un educador posee competencias profesionales que le permiten ampliar su rol de transmisor de contenidos, convirtiéndose en un guía y un dinamizador del proceso educativo de aprendizaje de sus estudiantes.

Necesitamos profesionales optimistas, formados, que piensen y sientan que son capaces de mejorar la realidad educativa y la vida de sus alumnos. La acción educativa precisa de los mejores profesionales para que sean capaces de despertar en sus alumnos el verdadero deseo por aprender. De esta manera, la educación se convierte es un acto de amor y en una mejora continua de la persona.

El maestro se convierte en el mediador principal en el aprendizaje de los estudiantes, de ahí la importancia que adquiere su formación y su implicación en la tarea educativa.

El buen docente es capaz de dejar una huella imborrable en su alumnado, desde el respeto, la exigencia y la motivación, convirtiendo el proceso educativo en un acto que genere entusiasmo, que ayude a desarrollar el crecimiento personal y académico de los alumnos y el amor por aprender.

Desde esta mirada, si fuésemos capaces de valorar su función y el papel que ejerce en nuestros niños y jóvenes, manifestaríamos un mayor respeto hacia su valiosa tarea. Una sociedad que es capaz de considerar positivamente la labor de su profesorado posee la capacidad de construir una sociedad más comprometida y humana.

6.
Los niños y jóvenes protagonistas ¡y responsables!

«Cada niño o joven que pasa por un colegio dejará algo de él y se llevará algo de nosotros».

YOLANDA LÓPEZ IGLESIAS

La confianza se convierte en una esperanza firme que se tiene de alguien o de algo y en la seguridad que alguien tiene en sí mismo. Las familias y las escuelas deberían ser capaces de transmitir confianza a sus niños y jóvenes porque estas se convierten en un elemento crucial para que aprendan a confiar en sí mismos y en sus posibilidades y encaren con fortaleza los retos que les presenta la vida.

Recuerdo la primera vez que quise salir de noche con el grupo de amigos. Me dirigí a mis padres, con cierto temor, para pactar la hora de vuelta a casa. Después de explicar con quién iba a salir y adónde íbamos a ir, llegó la gran pregunta: «¿A qué hora debo volver a casa?». Fue mi madre la que contestó primero: «Tu padre y yo creemos que a la que tú decidas». La respuesta me dejó descolocada y me pareció extremadamente desconcertante. ¿Yo? ¿Era yo la que debía decidirla? Después de unos minutos les volví a preguntar: «¿No creéis que es mejor que lo digáis vosotros?». Y en ese momento fue mi padre, levantando los ojos de un libro, quien dijo: «A la que tú decidas». En aquellos momentos hubiera preferido que fueran ellos los que establecieran la hora, pero con los años entendí que me transmitían su máxima confianza y potenciaban mi responsabilidad.

Un buen educador basa su estilo educativo en la confianza y el respeto. Exige responsabilidad, disciplina y reta con ingenio, ofreciendo a sus estudiantes dilemas que les estimulen y que les saquen de su zona cómoda. Promueve la autonomía y el compromiso, generando un clima favorable para el aprendizaje con una sensación de participación y colaboración continua.

La educación debe convertirse en el mejor mecanismo de confianza para potenciar la iniciativa personal y el interés por el aprendizaje, formando seres aptos para gobernarse por sí mismos. Los niños y jóvenes necesitan convertirse en seres autónomos, sabiendo quiénes son, qué saben y no saben, qué les gusta o deben aprender. No es una labor fácil, pero sí fundamental si queremos tener niños y jóvenes comprometidos con su aprendizaje.

La confianza ofrece seguridad al que enseña y al que aprende y crea el vínculo afectivo necesario, base del acompañamiento educativo. De esta manera, nuestros jóvenes necesitan ser acompañados por adultos que confíen en sus posibilidades y que sean capaces de guiar su camino de descubrimiento de manera constante y sostenida. Insisto: es necesaria la confianza y el acompañamiento para impulsar el conocimiento y el desarrollo personal y académico. Un camino en solitario siempre es menos inspirador que un trayecto acompañado donde la persona sienta que no está sola.

Alumnos responsables en una sociedad exigente

En un modelo de aprendizaje personalizado, el alumno se sitúa en el centro dinámico de su propia formación, jugando el papel protagonista que antes ejercía el docente. Se reconoce su capacidad para participar y ser responsable de sí mismo y de su aprendizaje, descubriendo que nadie puede aprender por él. Deja de ser considerado el resultado de acciones que otros hacen para ser capaz de dirigir sus propias acciones y aprender a jugar bien sus cartas para conseguir lo que se proponga, unas cartas que le exigen implicación, compromiso y capacidad para establecer una relación positiva con todo lo que le rodea. Desde que somos pequeños, nuestro entorno más cercano nos ofrece oportunidades para ir construyendo quiénes y cómo somos. La escuela y la familia deben convertirse en lugares donde los niños y jóvenes puedan crecer seguros y desarrollarse como personas completas desde su individualidad y como seres sociales. Habitualmente, los seres humanos muestran su deseo de formar parte de un grupo. Su necesidad de ser reconocidos por los demás y la búsqueda de pertenencia los lleva a interactuar y a buscar el bienestar grupal y personal. Esta realidad compartida con otros impulsa momentos para compartir, para negociar y descubrir nuevas oportunidades de aprendizaje. Como bien sabemos, los niños y jóvenes pasan muchas horas en clase. En ella suceden muchas cosas: se habla, se estudia, se adquieren hábitos y se establecen relaciones. De ahí que, a mi juicio, el aula debe convertirse en un lugar repleto de posibilidades, donde pueda producirse el desarrollo de distintas capacidades, tanto para los estudiantes que tengan más capacidades como para los que necesiten un mayor apoyo personal y educativo, colaborando así en el desarrollo de la excelencia de cada escolar. En palabras de Delors: «La educación debe permitir a todos los alumnos, sin excepción, fructificar todos sus talentos y todas sus capacidades». ¿Por qué no intentar conseguir este gran propósito?

Desde un enfoque personalizador, el alumno como persona íntegra y competente aprende a tomar las riendas de su vida y de su aprendizaje porque deja de ser un mero receptor de contenido para convertirse en una persona activa, con capacidad para crear y compartir. Un individuo con necesidades personales, sociales y académicas singulares capaz de evolucionar en su crecimiento personal, autorregulando su proceso y mostrando potencial para explorar y transformar el mundo. Muestra interés por involucrarse en la realidad en la que crece, con la que interactúa y se desarrolla. Su visión estratégica, intuitiva y creativa le permite tomar decisiones con libertad y también asumir riesgos sin miedo a equivocarse porque el error se reconoce como una fuente fundamental de aprendizaje.

En otro orden de cosas, se reconoce su competencia para formular y autogobernar su proyecto personal de vida, siendo capaz de diseñar y planificar su propia trayectoria personal, académica y profesional con el apoyo del profesorado, de la familia y de todas aquellas personas que pueden orientarle. Este proyecto personal de vida estimulará la creación de planes personales de aprendizaje que estimulen su capacidad para seleccionar objetivos, tomar decisiones y establecer metas en cuanto al contenido a aprender, el proceso a realizar y el logro final que desea conseguir. Ayudar a conocer por qué hacemos las cosas y cómo hacerlas se convierte en la base para lograr lo que pretendemos.

Mirelle era una niña de ocho años que vivía en un pequeño poblado africano llamado Duékué, en Costa de Marfil. Fue mi alumna cuando viajé al continente africano como voluntaria para dedicar parte de mis vacaciones a impartir clases y convivir con los niños más pobres de aquella pequeña localidad. Mirelle se había quedado huérfana cuando tenía poco más de tres años y había sido adoptada por sus tíos maternos en una familia golpeada por la extrema pobreza. No podía asistir a la escuela porque ayudaba a su tía a vender fruta en el mercado y se responsabilizaba también de la venta ambulante de distintos productos. Mirelle siempre llevaba a su espalda un pequeño de dos años a quien cuidaba por unas pocas monedas mientras la madre del bebé trabajaba en el campo. Mirelle nunca dejaba de sonreír. Cuando las responsabilidades se lo permitían, asistía a las clases nocturnas para aprender a leer y escribir, porque le apasionaba aprender. Habitualmente aparecía con una pequeña bolsita de cacahuetes que me regalaba con cierta vergüenza al entrar y sentarse en los primeros pupitres. En su vieja libreta, de solo tres páginas, apuntaba con letra temblorosa todo aquello que explicaba. Al día siguiente, las páginas volvían a estar vacías porque memorizaba el contenido explicado para volver a tener espacio para apuntar lo nuevo que trabajábamos aquel día.

Como premisa, una escuela que esté orientada hacia el alumno y apueste por la personalización pone de manifiesto la importancia que se atribuye a que los estudiantes aprendan a valorar y aprovechar las oportunidades para poder avanzar en su aprendizaje, un aprendizaje que no acaba nunca y que debe servir para toda la vida. Considerar que cada alumno es importante supone trabajar para que este pueda desarrollar al máximo su potencial.

Cuando pienso en Mirelle recuerdo su afán por disfrutar aprendiendo. Pienso en su compromiso y también en la responsabilidad que mostraba con todo lo que hacía. Ella era una alumna muy especial que aprendió a dar valor y sentido a todo lo que sucedía a su alrededor y a agradecer las pocas oportunidades que parecía que le ofrecía la vida. Una alumna única, con una vida muy difícil, que dota de valor todo lo que sucede dentro de un aula y empodera la idea de reconocer el derecho que tienen todos los estudiantes a recibir una educación de calidad sin discriminación por su nivel económico, raza o sexo.

Motivar desde el éxito y la derrota

Amo el deporte y corro maratones. Quien practica un deporte de larga distancia conoce el esfuerzo que supone lograr los objetivos que se desean. Un maratón consiste en correr 42 195 km, hasta hoy he corrido casi una veintena, y espero poder seguir haciéndolo durante muchos años. Estas carreras han supuesto muchísimos meses de intensos y duros entrenamientos, de lesiones y dudas, pero también inmensas satisfacciones, por ejemplo, conocer a gente maravillosa y viajar por muchos países. Detrás de estos logros se esconde mucho esfuerzo, disciplina y una alta dosis de motivación. Esta última es la que en ocasiones se tambalea cuando tienes que salir a entrenar muy temprano, hace frío y estás cansada o cuando aparecen los dolores musculares o las lesiones. En estos momentos la motivación se hace más débil, pero la disciplina te hace seguir hacia adelante sin abandonar tu camino. Tener claros los objetivos y el convencimiento de saber hacia dónde queremos dirigirnos, mantener buenos hábitos de alimentación y de descanso y establecer pequeñas metas para fragmentar el objetivo nos acerca a nuestros propósitos. Cuando lo consigues te sientes feliz y muy orgulloso de haber logrado tu meta.

Pero no siempre todo sale bien. El día de la competición puede aparecer el cansancio acumulado, unas décimas de fiebre o dolores musculares que te impidan disfrutar de la carrera. Así es el deporte, la vida y también el aprendizaje. La resiliencia es la capacidad que poseemos los seres humanos para adaptarnos y superar momentos adversos, soportando la frustración y creyendo con confianza que saldremos hacia delante. La resiliencia se entrena y debemos practicarla también con nuestros hijos y alumnos.

La escuela y la familia deberían convertirse en un laboratorio de pruebas. capaces de ayudar a desarrollar competencias y actitudes que permitan a los niños y jóvenes afrontar el futuro que les espera, encarando con tolerancia y flexibilidad las dificultades que vayan apareciendo y exigiendo persistencia y perseverancia, capacidad para razonar y aprender de los errores para poder extraer conclusiones y seguir avanzando.

Motivar se aleja de la sobreprotección. Un estilo educativo sobreprotector entorpece o anula el desarrollo y la evolución de los niños y jóvenes, hace a las personas más débiles, impidiendo que desarrollen las habilidades necesarias que les permitan hacer frente a las situaciones y dificultades diarias. Si sobreprotegemos, colaboraremos en tener hijos y aprendices de cristal.

Los niños y jóvenes de cristal se acaban rompiendo

Lo cierto es que sin hábitos y exigencia no existe mejora ni transformación. En ocasiones, fallar supone una experiencia dolorosa por la que no nos gusta pasar, pero, por otro lado, se convierte en una oportunidad para descubrir por qué se ha fallado, asumir el error y tratar de corregirlo. Asumir con naturalidad la equivocación forma parte del camino del proceso de aprendizaje. Aunque no podemos saber qué sucederá en el futuro, podemos anticiparnos a él y entrenar el afrontamiento de los problemas que pueden llegar a suceder. Distintos estudios han demostrado que a los niños a quienes se les expone a situaciones estresantes leves durante su infancia mejoran considerablemente su capacidad futura de gestionar sus emociones y ser más resilientes.

Los procesos en que aparece el desacierto y la equivocación no siempre son fáciles, pero se convierten en momentos inmejorables que posibilitan el autoconocimiento y la apertura a nuevos aprendizajes, sabiendo valorar lo que sí se ha hecho bien y aceptar el error sin excusas para poder seguir mejorando. En este sentido, los niños y jóvenes necesitan adultos a su alrededor que los acompañen, les exijan y les permitan equivocarse. Adultos que no juzguen ni etiqueten los tropiezos y les proporcionen seguridad y también oportunidades para practicar y perfeccionar habilidades, apoyándoles cuando se equivoquen y valorando sus aciertos.

Cuando aprendemos necesitamos personas que nos resuelvan las dudas, que nos apoyen y feliciten, pero también precisamos que nos expliquen lo que no hacemos del todo bien y cómo poder mejorar. Debemos transmitir a nuestros jóvenes que aprender requiere numerosos intentos, vivir situaciones incómodas y esforzarse. El miedo a cometer errores es un sentimiento común que habitualmente puede conducirnos a dudar, a sentirnos nerviosos o a procrastinar. Pero aprender a sobreponernos a las situaciones adversas nos impulsa a volver a intentarlo y a seguir luchando por lo que deseamos. Educar es ayudar y acompañar sin negar la independencia o ejercer un alto nivel de control que puede llegar a generar miedo o sentimiento de culpa.

Con cinco años, mi madre me informó de que había llegado el momento de aprender a atarme los cordones de las deportivas, porque ningún adulto debía agacharse a hacerlo por mí. Durante aquella tarde me explicó varias veces cómo hacerlo. Se sentó a mi lado, me describió los movimientos que debía hacer y me dijo: «Ahora, inténtalo tú». Pensaba que sería algo fácil porque ella lo hacía sin ningún esfuerzo. Lo intenté una primera vez con impaciencia y los lazos no salieron. Recuerdo como si fuera hoy su mirada dulce y sus palabras: «Ve a intentarlo». Ella volvió a explicármelo deshaciendo los nudos de sus deportivas y me pidió que volviese a probarlo. Lo volví a intentar y volvió a salir mal. Me puse nerviosa, quería agradar a mi madre y demostrar que era capaz de hacerlo como ya había aprendido a escribir y a leer. Ella volvió a mirarme y me volvió a decir: «Ve a intentarlo, sin prisas porque lo vas a conseguir».

Después de muchos intentos finalmente lo logré. Até por

primera vez mis deportivas con una emoción que me llevó a abrazarla con fuerza. Los lazos eran largos y poco consistentes, pero la práctica me dejó mejorar la técnica rápidamente. ¡Ya nunca más alguien debería atar mis deportivas! Lo recuerdo como si fuese hoy y me viene a la memoria frecuentemente cada vez que intento hacer una cosa por primera vez. Recuerdo aquel momento cuando enseño a mis alumnos algún concepto o procedimiento que les cuesta adquirir a la primera. Esto pone de manifiesto que el aprendizaje requiere modelos, tiempo y dedicación.

Siempre me he considerado una docente seria y rigurosa, también cariñosa y muy comprometida con mi trabajo. Intento exigir a mis alumnos aquello que estoy convencida de que son capaces de conseguir porque esto es beneficioso para su aprendizaje y su desarrollo personal. Actualmente, parece haber en nuestra sociedad un rechazo hacia la seriedad y la exigencia. Algunas familias o colegas muestran un cierto desprecio hacia la promoción del esfuerzo y se piensa que la exigencia no es necesaria, ya que la misión educativa debe ser que los niños sean felices. ¿La exigencia y el trabajo impiden la felicidad? ¿Se puede aprender sin esfuerzo? Ahora la mayoría de niños no llevan deportivas con cordones, sino con velcro y esto hace que el aprendizaje de atarse los cordones se retrase y que muchos estudiantes tengan once o doce años y aun no sepan atarse las deportivas. Supongo que esperan que alguien pueda hacerlo por ellos toda la vida.

A mi modo de entender, se ignora que sin una educación

basada en la exigencia y la dedicación ni se aprende ni se avanza. Siento una férrea necesidad de ofrecer a mis alumnos todos aquellos saberes y herramientas que les permitan observar y entender todo lo que pasa dentro de ellos y a su alrededor, que impulsen su compromiso y afronten el aprendizaje y la vida con valor, pero el trabajo deben hacerlo ellos. En consecuencia, soy muy crítica con las teorías o propuestas educativas sin soporte empírico y poco contrastadas, que no se cansan de exponer que el esfuerzo no es importante en el aprendizaje, que venden que el éxito es gratuito. Tenemos que ser capaces de reivindicar que el esfuerzo, la perseverancia y la disciplina, compañeras todas ellas, son las únicas que nos ayudarán a conseguir nuestros objetivos.

La escuela debe, desde las primeras edades, movilizar las ganas de aprender y transmitir que esforzarse merece la pena para llegar a disfrutar de todo lo que logremos. Debe ofrecer lo que otros contextos no son capaces de dar, posibilitando el crecimiento personal y académico. Debe empoderar a los niños estableciendo expectativas y propósitos que les hagan sentir cada día más valientes, teniendo confianza en ellos mismos y en el futuro.

En el mundo educativo es histórica la reflexión en torno a la felicidad y el aprendizaje. Me llama la atención cuando alguien me plantea que el objetivo principal cuando el niño o adolescente asiste a la escuela debe ser únicamente el de ser feliz. Exponen que lo principal es que vengan y sean felices porque ya tendrán tiempo de esforzarse y sufrir, porque la misma vida se los exigirá. Cuando oigo estos argumentos me entristezco y me asusta porque pienso que crearemos individuos débiles, perezosos y conformistas. Creo que el objetivo principal de por qué nuestros hijos y alumnos van al colegio es el de aprender, no ser felices. Por supuesto que aprendiendo podemos ser y sentirnos felices, pero el aprendizaje exige rigor, compromiso y superación, y quien se olvide de ello hará que los niños crezcan inseguros y temerosos, incapaces de encarar las oportunidades y dificultades que se le presenten, elevando la posibilidad de que se acaben rompiendo para siempre. Lo más honesto es reconocer que aprender exige responsabilidad, rigor y pasión, también equivocación y evaluación continua para no cesar de mejorar para el futuro personal y social que nos espera.

La Organización Mundial de la Salud (OMS) constata que un entre un 10 y un 20 % de adolescentes europeos sufren algún problema de comportamiento o salud mental en distinto grado de severidad. Trastornos como la ansiedad o la depresión, el autodesprecio, las somatizaciones, la indiferencia o una autoimagen negativa influyen directamente en nuestros niños y, especialmente, en nuestros jóvenes, afectando en su aprendizaje, rendimiento académico e interacción social y familiar. No podemos resignarnos a que esta realidad siga creciendo. Acompañar el desarrollo personal, intelectual, social y emocional de nuestros niños y jóvenes supone tener muy claro qué deben aprender y cómo deben hacerlo. Aprender en la escuela deja de ser un «juego de niños» para convertirse en un acto poderoso en el que todos los estudiantes deben tener la oportunidad de participar para llegar a su mejor versión. Apoyar el bienestar mental y emocional del alumnado supone trabajar la seguridad y la confianza, promover hábitos saludables, potenciar la autoestima y el autoconcepto.

Asimismo, es necesario el fortalecimiento de vínculos con el entorno, potenciar la motivación y el espíritu crítico, el compromiso y el establecimiento de límites. Impulsar la expresión y una adecuada gestión emocional se convierte en un aspecto fundamental para aprender a encarar situaciones estresantes o adversas, aprendiendo a contrastar, respetarse a uno mismo y también a los demás, tomar decisiones y asumir con honestidad el error, desarrollando la tolerancia a la frustración.

Es preciso corregir la idea de que la exigencia, la perseverancia y la disciplina nos alejan de la felicidad y no son necesarias para el aprendizaje, debido a las consecuencias devastadoras que pueden generar en el desarrollo de nuestros niños y jóvenes. Los niños y adolescentes deben aprender a superar momentos complicados conociendo sus posibilidades y capacidades, a enfrentarse a una hoja en blanco y reconocer las cosas que les cuestan y también las que dominan para alcanzar los objetivos que pretenden lograr. Deben aprender a superar dificultades sobreponiéndose con voluntad, a hacer no solo lo que les apetece, sino lo que es necesario y celebrar los triunfos, focalizándose en el presente y mirando con ilusión hacia el futuro. Y en este camino de disfrute y superación personal no estarán solos, deben saber que estamos a su lado para responder a sus necesidades individuales y acompañarlos con respeto, confianza y afecto.

Perfil personal del alumno

Según el psicólogo Erich Fromm, la capacidad de ver a cada persona y tener conciencia de su individualidad significa preocuparse por que crezca y se desarrolle tal como es. Conocer a nuestro hijo o alumno es poseer una comprensión profunda de sus fortalezas y necesidades para poder acompañarlo en su autoconocimiento y proyecto de vida.

Para argumentar razonablemente la toma de decisiones sobre respecto a qué y cómo acompañar a cada aprendiz en su aprendizaje es necesario, en primer lugar, definir su *perfil personal como alumno*. El propósito principal de su elaboración se fundamenta en llegar a conocer al aprendiz de manera integral para poder fijar objetivos personales y reales teniendo en cuenta en todo momento su individualidad. El perfil personal del alumno no consistirá únicamente en realizar un resumen de sus características académicas particulares, sino que deberá convertirse en un instrumento potenciador del desarrollo global de cada estudiante, dando respuesta a la diversidad y a la riqueza que ello conlleva. Esta concreción permite recopilar información sobre su personalidad, su capacidad de gestión emocional y su contexto familiar, social y escolar. También sobre cómo le gusta aprender y sus predilecciones acerca de cómo prefiere expresar lo que ha aprendido. Asimismo, es sumamente importante adquirir datos sobre las posibles dificultades o ayudas que pueda necesitar o que ya está recibiendo, así como información sobre el contexto en el que crece y aprende, especialmente el familiar. Toda esta información posibilitará articular una adaptación de los métodos, los saberes y el entorno para promocionar su talento.

La creación del perfil permite conseguir un retrato completo sobre cómo es, qué necesita y cuál es el punto de partida de cada estudiante para el aprendizaje y así, posteriormente, poder diseñar y personalizar su itinerario educativo y ayudar a cada aprendiz a enfrentar nuevos desafíos. La información del perfil personal de cada alumno debería ser accesible a todos los profesionales que trabajen con él. Puede recopilarse en un porfolio o en una carpeta individual que, ya sea en formato papel o digital, facilitará recoger evidencias del proceso personal de aprendizaje que lleve a cabo y poder realizar una evaluación de los avances que vaya realizando. Además, ayudará a documentar tanto su rendimiento como su satisfacción y entusiasmo, consiguiendo un seguimiento continuado de su proceso.

La información que compendia el perfil se obtiene a partir de la observación que realiza el profesorado, la revisión del progreso mediante distintas estrategias (por ejemplo, pueden ser las pruebas evaluativas, la exposición de trabajos, la valoración de los productos que efectúe, entre otros) y el análisis de los resultados y los logros obtenidos. Esta recopilación de datos deberá ser actualizada periódicamente y podrá complementarse con información adicional que el profesorado obtendrá a partir del análisis de trabajos de distintas materias, con datos que puedan aportar otros compañeros y profesionales que interactúen con el estudiante dentro o fuera del aula y los obtenidos en las reuniones con las familias y con los propios estudiantes. Con toda esta información, podremos concretar la organización de la acción educativa para brindarle una atención más personalizada y flexible adaptada a sus fortalezas y dificultades.

Este conocimiento más amplio y profundo del estudiante posibilita un seguimiento personalizado que influye positivamente en su autoconocimiento, autoestima y autorregulación del aprendizaje, un reconocimiento minucioso de sus intereses y la creación de oportunidades basadas en la potenciación de sus fortalezas no únicamente en la corrección de sus debilidades para que pueda progresar al ritmo que puede hacerlo. La adecuación del proceso educativo a sus propósitos particulares a través de experiencias académicas individuales y colectivas y enriquecedoras aumentará su curiosidad, su motivación, su compromiso y capacidad de autorregulación y rendimiento, y ayudará a incrementar el diálogo y el trabajo colaborativo entre el alumno, el profesorado y la familia.

Diseño de rutas personales de aprendizaje

Como ya hemos explicado, nuestros niños y jóvenes deberían ser capaces de responsabilizarse de sí mismos y de su trabajo para ir diseñando su propio proyecto de vida. Para que esto suceda será necesario acompañarlos y buscar aquellas estrategias, métodos o recursos que faciliten el logro, partiendo del deseo de fomentar la capacidad de cada alumno para formular y realizar su proyecto personal de vida: la elección de un enfoque que abogue por el respeto y la adecuación de la propuesta educativa a las condiciones personales de cada estudiante. Estos proyectos posibilitan que cada escolar pueda realizar un recorrido diferenciado, a través del currículum regular, que permita dar respuesta a sus preferencias en función de su progreso y las metas de aprendizaje a lograr.

En estos planes personalizados, se definen los objetivos de aprendizaje para cada alumno y también aquellos que comparte con su grupo de iguales. Esto se realiza a través de un trabajo conjunto entre el docente y el estudiante, convirtiendo al alumno en el gestor de su propia ruta. En cada plan se detallan las estrategias instructivas y los recursos de enseñanza que se utilizarán, las experiencias y los procedimientos de evaluación que se llevarán a cabo teniendo en cuenta el conjunto de experiencias interrelacionadas de formación en las que se vea inmerso en los diferentes contextos donde participe.

En estos trayectos personales de aprendizaje, el docente

se convierte en guía y en el eje integrador de la realización personal de cada alumno, fortaleciendo la asesoría, la orientación y el acompañamiento en el trabajo diario y posibilitando la presentación y la adquisición de nuevos saberes. El cuerpo docente se convierte en el grupo encargado de estimular al estudiante, con rigurosidad, exigencia, objetividad y flexibilidad. Lo hará estableciendo con él una adecuada comunicación y ofreciéndole la oportunidad de tomar decisiones, según su edad, sobre las actividades de aprendizaje en las que participa. En este proceso será necesario animar la participación de otros agentes educativos (especialmente de la familia), que se convierten en facilitadores de aprendizaje por la influencia que adquieren en la trayectoria personal y escolar de cada alumno.

Estos itinerarios se alejarán de poseer un carácter estático y se reelaborarán a medida que cada escolar viva nuevas experiencias formativas, buscando la relación entre sus necesidades, intereses y las metas de desarrollo personal y social que se vayan consiguiendo. El estudiante deberá ir demostrando el dominio de cada objetivo de su plan para poder pasar a niveles superiores. Esta conciencia de aprendizaje pasa a tener un gran valor para el aprendiz porque le posibilitará reflexionar sobre qué y cómo aprende, dónde aprende mejor, qué condiciones le benefician, cuándo necesita ayuda y cómo debe pedirla además de mejorar sus competencias para mostrar autocontrol ante el proceso y los resultados y reajustar sus metas para que pueda desplegar todo su potencial.

Por último, será necesario el diseño de procedimientos de evaluación, en los que intervenga el profesor y el alumno conjuntamente, que posibiliten reflexionar sobre el trabajo que se vaya efectuando, celebrar todo lo que se vaya logrando y determinar la forma de seguir explorando y mejorando desde la estabilidad y la esperanza.

/

En pocas palabras...

Es urgente que el sistema educativo logre, desde una educación tan personalizada como sea posible, la promoción óptima del aprendizaje mediante la consideración de cada escolar como un ser activo con posibilidades personales para explorar y transformar el mundo. Fomentar la participación del alumnado como ciudadanos activos supone poner en marcha una maquinaria maravillosa que ayude a trabajar por el bien común, que permita que se encuentre el sentido de la vida, que se logre cada vez un mayor grado de autonomía que facilite afrontar de manera adecuada los retos cotidianos y hacer frente a las dificultades que vayan apareciendo, conociendo bien sus puntos fuertes y débiles y sabiendo elegir el camino que les acerque a sus propósitos.

Poner el esfuerzo en el conocimiento de las características personales y las necesidades de aprendizaje específicas de cada estudiante permite crear un ambiente de aprendizaje rico y lleno de posibilidades, abierto y flexible y unos planes personalizados de aprendizaje en los que se especifiquen los propósitos personales y académicos a lograr, permitiendo al alumno gestionar su propio proceso y dándole la posibilidad de interactuar y crear redes personales y de conocimiento que le ayuden a planificar y conseguir sus objetivos.

7.
Los métodos únicos son una tómbola

«El quid de las habilidades del siglo XXI es la necesidad de integrar, sintetizar y aplicar creativamente el conocimiento».

BINKLEY

Aprendiendo a través de la experiencia... y la teoría

Aprendí a leer con los clásicos y lo hice porque mis padres me acercaron a ellos al igual que a los cómics o a las aventuras de Tom Sawyer. Recuerdo que cuando tenía poco más de siete años mi padre me regaló una versión infantil de *El ingenioso hidalgo don Quijote de la Mancha*. Posteriormente leí *Los miserables*, de Víctor Hugo, y *Paulina*, de Ana María Matute, ¡qué asombrosos libros! Si aún no los has leído, te animo a que lo hagas. Este último me lo regaló mi hermana mayor y me sentí la persona más afortunada del mundo. Muchos de estos volúmenes descansan aún en mi biblioteca personal. Amo leer y, si es así, es porque antes vi a otros amar los libros. Me gusta observar cómo leen mis alumnos y también pensar que toda persona se ha emocionado alguna vez con alguna lectura. Me refiero a aquellos libros que te llegan muy adentro, que te remueven, que el recuerdo de su lectura se instala en tu mente de por vida.

Para aprender necesitamos personas a nuestro alrededor que se conviertan en modelos a imitar, personas referentes que sean capaces de fomentar hábitos intelectuales que nos enseñen a tratar la información y a planificar, a ser capaces de enfrentarnos a nuevos retos y buscar soluciones para resolverlos. También a gestionar nuestros recursos y a actuar con criterio, a tomar decisiones sin tener miedo a equivocarnos. No solo es importante qué se aprende, sino cómo y especialmente con quién se hace.

Aprender es mucho más que un entretenimiento, se convierte en una invitación a adentrarse en nuevos mundos hasta ahora desconocidos. Se convierte en una oportunidad maravillosa para pasar a la acción. Enseñar tiene el maravilloso propósito de promover el desarrollo de actitudes para que el niño o el adolescente vaya desarrollando progresivamente su autonomía y responsabilidad en su proceso de aprendizaje y despliegue sus conocimientos con la guía de los adultos que le acompañan. Pero ni todo vale para conseguirlo ni todos los métodos tienen el mismo valor.

Diversos son los elementos que deben tenerse en cuenta para que el aprendizaje tenga éxito. En primer lugar, la creación de un clima favorable, una acertada distribución y estructuración del tiempo y el espacio, la correcta selección de materiales, recursos y herramientas que faciliten conectar el currículo con la realidad y la vida del alumnado y la concreción de los instrumentos que se utilizarán para realizar la evaluación, ayudarán a acercarnos al objetivo más importante, es decir, que el niño o el adolescente pueda desarrollar al máximo sus competencias para mejorar su rendimiento y su motivación por el aprendizaje.

En segundo lugar, preparar al estudiante para la vida diaria supone priorizar propuestas y experiencias abiertas y bien contextualizadas que puedan conectar con sus intereses y se conviertan en verdaderos desafíos. También proponerle y darle conocimiento y actitudes que quizás nunca descubriría por sí mismo. La formulación entendible de los objetivos a conseguir y la progresión creciente de la complejidad del trabajo planteado posibilitará que el alumnado pueda aplicar lo que ha aprendido en otros momentos y contextos. Un aprendizaje que le permita dar respuesta a las diferentes situaciones que se le planteen en la vida porque de esta manera habremos logrado que el aprendizaje sea significativo, profundo y transferible, es decir, que sirva para alguna cosa a lo largo de la vida.

Por último, en el momento que programemos nuevas propuestas, la valoración continua y personalizada posibilitará evaluar si se van consiguiendo los propósitos que se pretenden lograr a partir de la adquisición de nuevos conocimientos, si el rendimiento que muestra el aprendiz es suficiente y satisfactorio y si las estrategias de enseñanza que se están utilizando son las más eficaces para esa experiencia de aprendizaje.

¡En la combinación de estrategias está el éxito!

Siempre he pensado que todo lo que sucede en el aula o en el círculo familiar debería convertirse en una preparación real para la vida. Acompañar a los niños y jóvenes a afrontar los desafíos de la sociedad del siglo XXI, en las mejores condiciones posibles, supone poder dar respuesta a sus necesidades e inquietudes, facilitando la adquisición de conocimientos, competencias valores y hábitos que les conviertan en grandes alumnos y especialmente buenas personas. La complejidad para conseguirlo demanda a los educadores que los acompañe un trabajo bien planificado y gradual que pueda ser complementario a la acción familiar.

Imagínate que tienes una caja de herramientas. La característica principal de la misma es que debe estar bien equipada para que puedas sacarle el máximo provecho y enfrentar con garantías los retos que van surgiendo. En ella deberíamos poder encontrar herramientas de diferente tipo, unas más básicas y otras más sofisticadas. Pero lo más importante de todo es que todas ellas deben ser de alta calidad, «no todas valen» para hacer una buena labor. Deben permanecer guardadas juntas y se deben dominar para que, cuando las necesitemos, podamos acceder rápidamente a ellas.

La caja de herramientas de un docente o educador se

transforma en el grupo de todas aquellas metodologías, recursos o estrategias que puede utilizar en el aula para incrementar la adaptación del trabajo a realizar y los objetivos a lograr en las condiciones personales de cada escolar y de cada grupo. La utilización y combinación adecuada de todas ellas debe posibilitar potenciar el aprendizaje profundo, la investigación y la indagación creativa así como el desarrollo del pensamiento crítico y de habilidades de comunicación que permitirán al alumnado avanzar en su desarrollo personal y en su proceso de aprendizaje.

Todas estas metodologías y recursos deben ayudar a desarrollar habilidades y competencias necesarias, no únicamente para el trabajo escolar, sino también para la vida, porque esto es lo que transforma realmente lo que hacemos en el aula en algo significativo para poder ser utilizado en el futuro. Potenciar la disposición para aprender, el desarrollo de la autonomía y la iniciativa personal, la toma de decisiones, la adecuada gestión de las emociones, la potenciación de la responsabilidad personal, social y ambiental o el aprender a colaborar y comunicarse con los demás eficazmente facilita que nuestros niños y jóvenes encaren su día a día con mayor decisión.

Los educadores deben utilizar diversas metodologías o estrategias didácticas que facilitan la personalización del aprendizaje y también el aprendizaje por descubrimiento. Son metodologías en las que el proceso de enseñanza y aprendizaje se centra en el estudiante, transformando el camino en un acto constructivo y no únicamente receptivo. En este proceso se potencia, además, la implicación de otros agentes de la comunidad. Nos referimos a los alumnos, el profesorado y también la familia. Se produce así una interesante intercomunicación entre diferentes actores, recursos y el medio, fortaleciendo la convivencia y el intercambio continuo. En muchas ocasiones, poder combinar distintas metodologías y estrategias con la tecnología, cuando los objetivos pedagógicos a conseguir están claros, posibilita potenciar la implicación responsable del estudiante y mejorar el rendimiento y el enriquecimiento del aprendizaje.

Aunque a algunas de estas metodologías y estrategias se les atribuya el nombre de «nuevas» o «activas», muchas de ellas se utilizaban ya a finales del siglo xix y a principios del xx. Todas ellas coinciden en el objetivo de querer satisfacer las necesidades de formación integral de los niños y jóvenes, huyendo de experiencias en el aula carentes de lógica o significado. Estas propuestas intentan partir de una experiencia actual y real del alumno y dar respuesta a problemas y dificultades detectados en contextos reales o próximos, buscando la funcionalidad de todo lo que pasa dentro del aula. También pretenden atender la diversidad de intereses y fortalezas desde una perspectiva inclusiva, potenciando la cooperación y la responsabilidad compartida entre los alumnos.

El aprendizaje basado en proyectos, el método del caso, los talleres temáticos específicos, el aprendizaje cooperativo, el aprendizaje basado en problemas o en retos, el aprendizaje y servicio, los rincones y las cajas de aprendizaje se han ido incorporando paulatinamente en las aulas de nuestros centros escolares y en la mayoría de etapas educativas. Otras se han empezado a utilizar en las últimas décadas como el pensamiento de diseño (*design thinking*) y el pensamiento visual (*visual thinking*), el aprendizaje basado en el pensamiento, los laboratorios de aprendizaje, la gamificación o la clase invertida (*flipped learning*), posibilitando el trabajo del currículo y el diseño de secuencias de aprendizaje con las que se tienen claro los objetivos y, así, se potencia el interés y la implicación de los estudiantes, cuidando las dimensiones emocional, motivacional y cognitiva.

La elección de una u otra metodología debe ir ligada al propósito pedagógico que queremos conseguir y al conocimiento y domino que tenga de la misma el educador responsable de su puesta en funcionamiento. Otro factor importante es el dominio del grupo que posea el docente, ya que la tipología, el interés y la predisposición del alumnado son aspectos a considerar para realizar una buena elección.

El uso de estas metodologías se ha relacionado con procesos de cambio e innovación y esto ha generado cierta incertidumbre y dudas entre el colectivo de docentes y de algunas familias. Encontrar soluciones a las demandas del aula es una necesidad, pero no es un cometido fácil. ¿Cómo saber cuál es la mejor metodología en cada situación que nos permitirá conseguir nuestros objetivos? Me gustaría poner de manifiesto que la importancia no recae en la cantidad de metodologías, recursos o estrategias que se utilicen, sino en tener claro el porqué y para qué se van a utilizar.

La clave recae en saber elegir cuál (debe estar basada en

la evidencia científica y empírica) y cómo aplicarla con el propósito de mejorar el aprendizaje, aumentar la motivación y el compromiso y conseguir las metas que se desean lograr. Si únicamente nos centramos en que parece «moderno» utilizarlas, nos estaremos equivocando y caeremos en el gran error de elegir una metodología que quizás no sea la más acertada para ese alumnado. El cambio y la variedad metodológica en la práctica docente exigen compromiso y rigor.

El aprendizaje de saberes y el desarrollo de competencias sucede gracias al criterio del profesor, desde su papel de acompañante, del dominio de la materia que posea y de las metodologías y recursos que utilice en cada momento. El respeto de las características particulares de cada alumno y su implicación en todo el proceso educativo y, finalmente, el análisis de los resultados académicos que se realice de cada situación educativa posibilitará priorizar las capacidades de responsabilidad y desarrollo intelectual.

Gracias a estas elecciones, podremos generar entornos personalizados de aprendizaje y oportunidades que reten y permitan desarrollar las aptitudes de los estudiantes, consiguiendo una mayor seguridad e implicación de los mismos. Formar hábitos, potenciar la memoria, incentivar las buenas relaciones entre compañeros, generar debates o aprender a resolver problemas reales y cercanos de manera interdisciplinar se convierten en excelentes propósitos a conseguir en nuestras aulas.

El poder maravilloso de una buena explicación

El detonante de una nueva situación de aprendizaje debe asociarse a la significatividad, la contextualización y la implicación de los protagonistas que participen en ella. Este origen puede ser también la transmisión y exposición de contenidos que realiza el profesor en el aula o los padres en casa. La instrucción realizada por un profesor puede ser altamente interactiva, generando debate e intercambio continuo con los aprendices.

Tras la valoración que hemos realizado de las metodologías activas, por todos los beneficios que se le asocian, siempre bien contextualizadas y sabiéndose cuál debe ser utilizada en cada momento, no puedo dejar de constatar lo poco que actualmente se valora o potencia la trasmisión de saberes que realizan los docentes. En ningún caso podemos olvidar que el profesor tiene un papel muy relevante en el aula por su capacidad de presentar y dominar el contenido y de interpelar y generar preguntas que animen a sus estudiantes a la indagación y a la toma de decisiones.

Confieso que pertenezco a ese grupo de profesionales que sigue disfrutando mucho al explicar, ya que me permite interactuar con los alumnos haciéndoles preguntas y generando debate. Desde este enfoque, el docente deja de ser un mero dispensador de saberes para convertirse en un inspirador y mediador entre el que aprende y lo aprendido.

El contenido se convierte en el primer eslabón de la cadena del proceso de aprendizaje y, por este motivo, la exposición que realiza un docente en el aula pasa a ser una actividad de vital importancia para posibilitar que los estudiantes accedan a nuevos saberes y puedan vivir nuevas experiencias. Por supuesto que se puede adquirir nuevos saberes leyendo o investigando, pero una de nuestras funciones como educadores es despertar la mente, en ocasiones anestesiada, de nuestros alumnos e hijos, con contenidos bien planificados, transmitidos y adaptados al nivel, ritmo y estilo de aprendizaje que se precisa en cada momento.

En la última década, uno de los macroestudios realizados que han tenido más impacto en el campo de la enseñanza y el aprendizaje es el llevado a cabo por John Hattie, profesor y director del Education Research Institute de la Universidad de Melbourne, Australia. Sus intereses investigadores le llevaron a liderar un metaanálisis de más de 50 000 estudios que llegaron a involucrar a 80 millones de estudiantes (número para ser seriamente considerado). En él intentó sintetizar los principales factores que influyen en el éxito del aprendizaje analizando factores como el currículum, la evaluación o la manera de enseñar del profesorado.

Entre muchas de las conclusiones a las que llegó se recoge una que considero importante para el tema que estamos tratando. Está relacionada con la confirmación de que la instrucción directa del profesor o de cualquier adulto tiene uno de los mayores efectos demostrables sobre el aprendizaje, así como la retroalimentación (*feedback*) que el docente ofrece a cada alumno. Otros estudios también respaldan esta idea constatando cómo la instrucción explícita se convierte en un método efectivo y eficiente para enseñar nuevos conocimientos.

Cuando un profesor se dirige a sus alumnos interactúa y explica, descubre cuáles son sus conocimientos previos y expectativas, tiene la capacidad de animarlos a la mejora y de potenciar un aprendizaje más profundo. Además, la instrucción directa se convierte también en una verdadera guía para los alumnos que presentan más dificultades y también para aquellos que muestran más capacidades, beneficiando así la respuesta a las diferencias que se encuentran en el aula.

Cuando pienso en estos aspectos, vienen a mi mente el nombre de muchos alumnos que después de escuchar atentamente explicaciones en el aula han sido capaces de plantear preguntas maravillosas, han interpelado al resto de compañeros con sus dudas y se han animado a descubrir por qué las estrellas no caen del cielo o por qué los huesos nos permiten caminar. Me gustaría pensar que todo alumno ha podido emocionarse con una explicación porque las palabras tienen el poder de erigir momentos únicos e irrepetibles, de emocionar, de regular, de crear y vincularnos con todo lo que nos rodea.

Basarse en la creencia del efecto poderoso que puede tener una buena exposición no descarta el uso de otras metodologías. Un docente que domina el arte de la exposición y conoce con profundidad aquello que va a enseñar es capaz de hacer que lo que explica quede para siempre grabado en la memoria de sus estudiantes. Si además lo combina con la utilización de metodologías que permitan que el aprendiz participe activamente en el proceso de aprendizaje y crecimiento, este hecho contribuye a la mejora de la eficacia de todo aquello que sucede en el aula.

Como especie, estamos preparados para recordar lo narrativo mucho mejor que cualquier otra forma de entrada de información. De esta manera, podemos llevar a la conclusión de que la clave no está en que el docente hable menos en el aula, sino en que su exposición sea clara, rigurosa y de calidad, generando conocimiento y curiosidad para que sus estudiantes no desconecten y aprendan. Una buena explicación, basada en el conocimiento profundo de las áreas curriculares, aporta nuevas ideas y estimula la labor creadora. Con ellas también podemos hacer que conozcan acontecimientos del pasado y se interesen por lo que acaecerá en el futuro, estimulamos la experimentación y reforzamos la atención y la concentración. En este sentido, un padre o una madre que dedica tiempo a hablar y explicar a sus hijos provoca una mejora de la escucha y de la relación entre ambos. El arte de conversar en familia se está perdiendo por la falta de tiempo o por las horas que dedicamos a las redes sociales y esto es un gran peligro.

Nuevas investigaciones respaldan también que la explicación entre iguales es positiva después de la presentación y exposición que haya realizado el profesor. Este intercambio entre compañeros posibilita utilizar los conocimientos que ya se poseen y ampliarlos gracias a que lo comparten con otras personas. Asimismo, es una buena forma de potenciar la relación, el respeto y la ayuda mutua entre compañeros de la misma edad.

Este valor que algunos atribuimos a la instrucción directa no siempre es compartido por todos los colegas. Una de mis batallas diarias es poder explicar que dar a conocer un contenido, con una buena explicación, favorece también el proceso de personalización. Esta sensación de poca valoración se une a que parece que los contenidos, ahora llamados saberes, parecen haber pasado de moda y han sido olvidados por algunos maestros, por los padres y hasta por muchas editoriales. Pocos hablan de ellos y, si alguien se atreve a hacerlo, lo hace en voz baja justificando que no son demasiado duros, densos o extensos. Parece que hablar de contenido o del currículo suponga complicar la vida a nuestros estudiantes y yo creo que es al revés, que sin ellos, sin su presentación y comprensión, les cerramos las puertas a un mundo donde quizás no volverán a entrar si no lo hacen de nuestra mano. En los centros educativos hay que hablar mucho del conocimiento si queremos que nuestra economía, política o periodismo vaya mucho mejor.

Me entristece esta desvaloración, ya que considero que los saberes son imprescindibles y útiles y solo ellos tienen la capacidad de abrirnos a nuevas oportunidades para crecer como alumnos y personas. Nos posibilitan adquirir recursos y también valorar todo aquello que el ser humano ha sido capaz de crear: escribir libros maravillosos, pintar cuadros que te acercan a otras épocas de la historia, construir espectaculares edificios o crear una sinfonía que perdura después de siglos y continúa emocionando.

Recortar la valía y diluir el valor de una buena explicación repleta de contenido puede llevarnos a dejar «vacía de significado» a la educación. Algunos de los gurús educativos, de los que hablaba en las páginas iniciales de este manuscrito, se han esforzado en afirmar que los niños únicamente aprenden haciendo y que el contenido puede distraer, aburrir, quitar tiempo para lo que de verdad es importante, es decir, a la felicidad de nuestros aprendices para que lleguen a ser hombres y mujeres de provecho. Cuando los oigo o leo me pregunto: ¿Qué van a «hacer» los alumnos si no saben nada sobre un tema? ¿El conocimiento roba la felicidad o la amplía? Es como si a una persona le pedimos que arregle el motor de su coche «probando», «experimentando», sin tener nociones de mecánica, sin conocer cómo se llaman y funcionan las piezas que lo componen, o como si invitamos a un adulto a que haga pan sin conocer qué ingredientes debe utilizar y qué pasos son necesarios seguir para su elaboración.

Mi abuelo paterno fue un hombre serio, de pocas palabras, trabajador y exigente. Cuando íbamos a visitarle lo primero que hacía era preguntarnos cómo iban las notas y si nos portábamos bien. Se lo preguntaba directamente a mis padres, así que la respuesta siempre era cierta. Mi abuelo leía con las mismas dificultades que escribía, pero tenía muy buena memoria y le gustaba mucho la naturaleza. En una de nuestras visitas en temporada de vacaciones mi hermana gemela y yo le pedimos si podía ayudarnos a hacer un herbario, él nos miró y dijo: «Ya veremos, según como os portéis». Antes de irnos a dormir nos informó que al día siguiente iríamos al monte con él a coger hojas. A la mañana siguiente, nos despertamos muy temprano emocionadas por la gran aventura que nos esperaba, pero al acercarnos a la ventana nos dimos cuenta de que diluviaba. Buscamos a nuestro abuelo y mi abuela nos informó que, después de estar mucho tiempo delante de la ventana, se había marchado. Aquella noticia nos entristeció, ¿cómo se había olvidado de su promesa? ¿Cómo se había podido ir sin nosotras? Mi abuela nos preparó el desayuno y nos informó que llovería todo el día y que no podríamos salir de casa. Nos sentíamos muy tristes, ya que no tendríamos tiempo para hacer nuestro herbario, porque al día siguiente volvíamos a casa.

Después de dos horas mi abuelo entró por la puerta empapado de la cabeza a los pies. Venía cargado con dos grandes bolsas. Nos miró y nos dijo: «Tenemos trabajo, voy a secarme y empezamos». Mi abuelo fue sacando las hojas que había cogido y las colocaba con el máximo cuidado sobre papel de periódico para que se pudiesen ir secando. Nos explicaba sus nombres y nos invitaba a que nos fijásemos en sus formas, tamaño y colores. Después nos explicó cómo hacer una portada y empezamos a organizar las páginas con las hojas que íbamos eligiendo para acabar anotando los nombres, la fecha y el lugar de recolección, enganchándolas con el máximo cuidado con cinta adhesiva. Finalmente pusimos libros encima para prensarlas y que se acabaran de secar.

No he olvidado aquella mañana y lo feliz que fuimos

compartiendo aquellas horas con él: escuchar sus explicaciones, cómo nos enseñaba los nombres de las plantas, cómo nos ayudaba a engancharlas, su paciencia y media sonrisa mientras pintábamos la bonita portada. Ahora, cuando hablo a mis alumnos de las hojas y las flores, es imposible no acordarme de la felicidad que puede provocar una buena explicación. Y es que «la felicidad en el aprendizaje» debe estar asociada al conocimiento, al descubrir y al esforzarse, puesto que a la felicidad te acercas si eres capaz de pensar, argumentar, interpelar, discriminar ideas y escuchar otros puntos de vista y, para ello, necesitas conocimiento.

Por ello reivindico las buenas clases expositivas que posibilitan descubrir algo que los participantes no sabían, que te hacen saltar de un contenido a otro, que te incitan a saber más y más sobre un tema, a discutir o a aportar nuevas ideas o formulaciones. Ofrezcamos conocimientos de historia, de matemáticas, expliquemos saberes relacionados con las ciencias naturales, la filosofía, las artes plásticas, contenidos que animen a nuestros niños y jóvenes a leer buena poesía y prosa, a crear soluciones a problemas sociales reales o poseer habilidades de pensamiento crítico que posibilite argumentar y analizar lo que pasa a su alrededor... Porque si en la escuela no incentivamos este aprendizaje, ¿quién lo hará?

En mi humilde opinión, para que la educación pueda tener un impacto real a nivel personal y social en todos nuestros estudiantes, es necesario primero de todo poseer «saberes» y después saberlos explicar y utilizar.

Crear un mundo mejor: aprendizaje y servicio

A la escuela actual se le exige mucho, diría que muchísimo, también a las familias. En el caso de los centros educativos, se les pide que aborden y transmitan contenidos de temas tan diversos como el uso de las nuevas tecnologías, la educación vial y sexual, la igualdad y la tolerancia, la utilización educativa de las redes sociales o la prevención del uso indebido de drogas. Así, todo parece convertirse en temas fundamentales para ser abordados dentro de las aulas. Después de leer este denso listado de temas, me pregunto: ¿dónde y cómo deben realizarse este tipo de aprendizajes? Creo que este no es lugar donde discutir el qué o el cuándo, pero sí el cómo. Lo que está claro es que necesitamos contribuir a que nuestros hijos y alumnos se conviertan en ciudadanos responsables, que aprendan mucho y bien, que sepan aplicar lo aprendido en la escuela para su beneficio personal y el beneficio de todos los que les rodean. ¿Puedes imaginar cómo sería nuestra sociedad si todos colaborásemos en mejorarla?

Como había explicado anteriormente, durante tres periodos vacacionales de mi juventud viajé a Costa de Marfil para compartir mi tiempo con los niños que vivían en la calle. Fueron experiencias muy intensas, ya que pude descubrir la dureza en la que vivían: malnutrición, trabajo infantil o abusos por parte de los adultos. Durante uno de estos viajes enfermé de malaria. La malaria o paludismo es una enfermedad transmitida por la picadura de un mosquito infectado. En mi caso, la enfermedad me llevó a ingresar durante una semana en el hospital y dañó mi hígado y mis riñones. Estuve varios días semiinconsciente, y de aquellos momentos recuerdo a una persona sentada a los pies de mi cama que me hablaba y me leía. En aquella época no existían los teléfonos móviles ni tan siquiera el teléfono fijo, así que me comunicaba con mi familia escribiendo cartas que tardaban quince días en llegar a su destino. Esta lejanía me hacía sentir muy débil. Aquella persona no me dejó sola ni un solo momento, se acercaba a mi cama y me repetía que todo saldría bien, creando en mí una sensación de tranquilidad y bienestar. Aunque me sentía asustada, estuve muy acompañada y esto me enseñó que las palabras y las historias protegen y curan y que el cuidado y los gestos ayudan a superar momentos tristes, provocan esperanza y ayudan a mejorar el estado de ánimo.

Si anhelamos que nuestra sociedad y nuestros centros educativos se conviertan en espacios de escucha y de aprendizaje debemos enseñar a pensar, a analizar lo que sucede a nuestro alrededor con juicio e independencia, a investigar para buscar nuevas soluciones a problemas actuales que afectan la vida de las personas y a aprender a querernos.

Una de las metodologías activas más oportunas para ser utilizadas en el aula y que permiten potenciar el aprendizaje real y abordar temáticas y retos sociales distintos son los proyectos de aprendizaje-servicio (Aps). Entre sus características más interesantes se encuentra que este tipo de proyectos se pueden realizar en cualquier etapa educativa, desde educación infantil hasta la universidad, permitiendo aprender haciendo un servicio a la comunidad desde un tratamiento interdisciplinar cooperativista y altruista muy interesante.

Esta práctica educativa posibilita que un educador pueda trabajar, con niños o jóvenes, cuestiones sociales que potencien la acción y el aprendizaje de saberes y valores. Realza una forma de aprender que potencia el desarrollo de competencias, habilidades, conductas y valores democráticos fundamentales para desarrollarse en la vida y para incentivar la colaboración entre alumnos y profesores y entre los centros educativos, las familias y otras entidades o fundaciones sociales del entorno.

Tras la detección de una necesidad social del entorno próximo se trabaja para definir los objetivos del proyecto y poder encontrar una solución para mejorar la situación localizada. Identificar la situación de aislamiento de personas de tercera edad o el mal estado y la falta de mantenimiento de las zonas verdes de un pueblo o una ciudad puede significar el comienzo de un proceso de investigación que suponga buscar respuestas a las situaciones detectadas para acabar diseñando una acción o servicio que genere un impacto real de mejora que beneficie a unos individuos o un colectivo específico.

Lo que encuentro más interesante de esta metodología es que requiere compromiso, reciprocidad acción y altruismo, valores que exigen poner el foco en los demás y no únicamente en uno mismo. Y este hecho nos puede permitir mejorar la realidad de los demás desde la implicación directa, aprendiendo a gestionar conflictos y desarrollando la autonomía, la resiliencia y las conductas prosociales. De hecho, existen estudios que constatan la mejora que se produce en los resultados académicos de los estudiantes y la mejora de su actitud hacia la escuela y el aprendizaje cuando se implican en servicios para la comunidad.

De esta manera, motivando el desarrollo de proyectos de aprendizaje-servicio, facilitaremos el análisis crítico y un trabajo en el aula y fuera de ella que provoque que el alumnado se interese por lo que sucede a su alrededor. También lograremos que profesionales de distintas disciplinas puedan colaborar y que las familias se sumen a iniciativas cooperativas creando sinergias para construir entre todos un mundo mejor. De esta manera no solo favorecemos la concienciación social o ambiental, sino también la creatividad, el emprendimiento, el respeto mutuo y el compromiso con la educación. Por ejemplo, la organización de un concierto para una residencia de ancianos, impulsar un proyecto que lleve al desarrollo de tareas de restauración de un parque público del barrio o impulsar una campaña de recaudación de fondos para comprar y enviar material escolar a un país empobrecido fomenta el espíritu crítico y solidario y el conocimiento de desigualdades tan necesarios para hacer de este mundo un planeta más habitable y justo para todos.

En conclusión, dar significado a lo que hacemos en el aula, abrir sus puertas para saber qué pasa alrededor, nos compromete y nos hace mejores, nos convierte en personas con mayor conciencia social y responsabilidad, no únicamente por la mejora de nuestro bienestar y éxito personal, sino por el confort y la mejora de la calidad de vida de otras personas.

La tecnología en el aula: un aliado para la personalización del aprendizaje

La primera película que vi en el cine fue *El libro de la selva*, producida por Walt Disney. Aún hoy, recuerdo la música, el color de las imágenes, la magnitud de la pantalla, cómo se movían los personajes y cómo la historia resonó durante muchos meses en mi memoria. Sin duda la tecnología nos alegra y nos mejora la vida: vivimos en una sociedad totalmente digitalizada y esto ha provocado que las nuevas tecnologías hayan llegado también a las aulas.

Las nuevas tecnologías aplicadas al sector educativo deberían ayudarnos a ampliar el mundo de nuestros estudiantes y a impulsar su conocimiento e imaginación. Estas se convierten en un elemento clave en el modelo personalizador por su capacidad para motivar el aprendizaje, para la adaptación de los contenidos o para poner en práctica nuevos modelos de evaluación. Las tecnologías de la información y comunicaciones (TIC) en la educación deberían ser conocidas y estar disponibles para todos los educadores y estudiantes, aunque en ocasiones no siempre es así.

El sistema educativo no puede quedar al margen de los

numerosos cambios a nivel tecnológico que se producen en nuestra sociedad, esto sería un gran error. La incorporación de las nuevas tecnologías y de herramientas digitales en las aulas tiene como objetivo principal personalizar la educación y favorecer el aprendizaje y el desarrollo de conocimientos y competencias digitales y tecnológicas del alumnado. Además, pueden colaborar en el desarrollo de capacidades tan relevantes como la comunicación, las habilidades relacionales u organizativas.

Me gustaría aclarar que las TIC en educación no tienen valor educativo por sí mismas. Se reconoce su papel en el enriquecimiento de los conocimientos dando acceso a una gran cantidad de información y pueden convertirse en grandes aliadas para generar curiosidad y promover un aprendizaje de calidad, pero sin darle una significatividad y marcar unos propósitos educativos su valía desaparece. Pensar que por diseñar actividades con herramientas digitales o utilizar un dispositivo tecnológico (libros electrónicos, tabletas o *smartphones*, por ejemplo) los estudiantes aprenderán más y mejor es un error fácil de justificar. En consecuencia, la incorporación de la tecnología en el proceso educativo debe estar guiada y acompañada para alcanzar un impacto cualitativo en los procesos de enseñanza y aprendizaje y no como una moda carente de significado. De este modo, hay que tener muy claro cuándo utilizarlas y, especialmente, para qué hacerlo para conseguir los fines educativos que se pretenden.

La aplicación de las nuevas tecnologías en el aula puede

posibilitar una mejora en la organización y la gestión del tiempo, así como tener un acceso ilimitado a información y poder compartirla con mayor facilidad con otras personas, ampliando de esta manera la propia red personal de aprendizaje. Las tecnologías de la información y de la comunicación deben ser incorporadas al proceso educativo y en muchas de las metodologías activas, anteriormente mencionadas, para posibilitar una diversificación en el modo de aprender y de enseñar para dar respuesta a la diversidad de intereses, necesidades y aspiraciones de nuestros niños y jóvenes. Crear interés por aquello que se estudia anima a la implicación y al compromiso y potencia el aprendizaje. Establecer claramente los objetivos educativos que se quieren conseguir y la exigencia de una adecuada orientación en el uso de dispositivos, aplicaciones y plataformas supondrá crear propuestas educativas amplias y variadas en las que el estudiante podrá explorar, intercambiar y crear. Un uso óptimo de las herramientas tecnológicas que debe ayudar a facilitar la comprensión de contenidos, el aumento de la autonomía y la autorregulación por parte de los propios estudiantes.

El profesorado y la familia juegan un papel esencial en el uso de estas herramientas y deberán colaborar para dotar de una utilidad educativa al uso de las tecnologías y no solo considerarlas como un recurso lúdico para llenar el tiempo de los más jóvenes. Esta nueva realidad exige formación en habilidades y competencias digitales por parte de las personas que acompañan a los estudiantes para extraer su máximo beneficio educativo y también requiere mucho control y seguimiento considerando la tecnología como un medio y no como un fin.

La temida brecha digital

Para seguir nuestro camino hacia la personalización del aprendizaje, será necesario tener en cuenta las diferencias socioeconómicas familiares y las posibilidades que las familias y los centros posean en relación con la obtención y el uso de las TIC. La pandemia de la COVID-19 puso de manifiesto la necesidad de solucionar, lo más urgentemente posible, las diferencias tecnológicas que existen entre los distintos colectivos sociales para que nadie pueda sentirse excluido en su uso por motivos económicos, de edad, género o culturales. Trabajar para que todas las familias y centros educativos dispongan de medios y capacidad para utilizarlas de manera conveniente posibilita fomentar la equidad y evitar situaciones de exclusión.

Cualquier situación de desequilibrio o de exclusión hace que aquellos que la padecen estén en desventaja frente a quienes les rodean, privándoles de oportunidades de desarrollo y de generación de riqueza. La adquisición de competencias para sacar partido del potencial educativo, económico y social de las nuevas tecnologías y la inversión en infraestructuras que permitan que todo niño o joven pueda acceder a los diferentes recursos que ofrece Internet debe convertirse en un propósito prioritario de toda sociedad.

El analfabetismo digital promueve la discriminación y acentúa las diferencias, dos efectos que todos los que apostamos por la personalización de los procesos de aprendizaje deberíamos abordar. Poner en marcha iniciativas para facilitar el acceso a la tecnología y el uso de equipamientos, potenciar programas de alfabetización digital (no únicamente para los niños y jóvenes, sino también para sus progenitores) o abaratar el coste de los dispositivos y servicios para conectarse a Internet son algunas de las prioridades a abordar para que realmente el acceso a una educación de calidad y equitativa se convierta en una realidad para todos los estudiantes.

En pocas palabras...

La utilización y combinación de un amplio rango de recursos, estrategias y metodologías por parte del docente y del profesorado, y la inclusión de las familias en estos procesos educativos, posibilita proponer oportunidades personalizadas, flexibles y ajustables a la diversidad del alumnado. Si se realiza adecuadamente, favorece que el alumnado alcance niveles altos y la potenciación de un aprendizaje más significativo.

El diseño de propuestas educativas que ayuden a desplegar capacidades, conocimientos y pasiones de nuestros niños y jóvenes permiten estimular y mantener su esfuerzo y el compromiso con la tarea. Cabe destacar el papel que adquiere la tecnología en el diseño y la adaptación de las propuestas por las múltiples ventajas que ofrece para dar respuesta a las necesidades e intereses académicos, pero su elección y utilización debe estar ligada a conseguir objetivos de aprendizaje claros y bien diseñados. Estos propósitos deben estar ligados a la mejora de la comprensión, la relación entre iguales y la motivación delante del aprendizaje.

8.
El talento que no se cultiva se pierde

«Un hombre que no se alimenta de sus sueños envejece pronto».

WILLIAM SHAKESPEARE

Si ahora pudiese estar sentada a tu lado y te preguntase qué es el talento, ¿cómo lo definirías? Te animo a pensarlo durante treinta segundos.

Mi abuela empezó a leer y a escribir cuando cumplió ochenta años, nunca dejó de soñar que lo conseguiría. Fue una mujer que sobrevivió a la Guerra Civil y a una devastadora posguerra, teniendo que hacerse cargo de seis criaturas, ya que se quedó viuda muy joven. En casa faltaba el dinero y trabajaba de sol a sol para ofrecer un trozo de pan a sus hijos. Nunca tuvo la oportunidad de ir al colegio y de aprender a leer, pero me atrevería a decir que es una de las personas con más talento que he conocido. Puede parecer una contradicción, pero no lo es. Mi abuela tenía la capacidad de analizar la realidad y transformarla para que fuese mejor para quienes la rodeaban. Su pragmatismo y excelente memoria para recordar fechas y explicar historias le permitía utilizar los relatos o refranes de forma didáctica para explicar todo aquello que pensaba que debíamos aprender. Su capacidad de observación, sus ganas de aprender y su coraje hicieron que preservase una alegría por vivir y un interés por hacer mejor la vida de los que la conocían.

Las personas que son capaces de conocerse poseen la habilidad de utilizar correctamente sus conocimientos y sentimientos y actuar para conseguir lo que se proponen. La personalización de la educación ayuda a que cada estudiante descubra y aprenda a reconocer su valor personal conociendo sus capacidades y límites personales a partir de la creación de situaciones que posibiliten la realización del proyecto personal de vida. Este reconocimiento de uno mismo y de empoderamiento personal invita a abrirse a los demás y a la realidad y a poder intervenir con ilusión y entusiasmo para conseguir los objetivos que se desean lograr.

La fuerza de voluntad, el esfuerzo y la motivación se convierten en aspectos fundamentales para lograr las metas que nos proponemos y conseguir el éxito personal y educativo que anhelamos. Este hecho hace que el educador personalizador deba enseñar a entrenarlas proponiendo actividades que fortalezcan el compromiso, la disciplina y el sacrificio. La implicación, el esfuerzo y la dedicación personal favorecerán el desarrollo personal y el talento de cada persona.

La promoción de la excelencia y el desarrollo del talento deben convertirse en pilares fundamentales de todos los sistemas educativos y de los padres y profesores. El catedrático emérito Javier Tourón repite una frase que cualquier educador debería grabar en su mente: «El talento que no se cultiva se pierde». Si como educadores no somos capaces de inspirar el desarrollo de las capacidades de las personas que acompañamos, ¿quién lo va a hacer?

El desarrollo sistemático de las capacidades exige esfuerzo y trabajo y, por ello, es imprescindible tener una mirada personalizadora que lleve a entender que cada niño o joven tiene unas capacidades particulares que deben ser desarrolladas y unas necesidades a las que hay que ofrecer respuesta. Los centros educativos y las propias familias deben convertirse en espacios de aprendizaje donde se potencie una actitud comprometida con el aprendizaje, donde se valore y se exija responsabilidad, donde se anime a crear, a transformar la realidad para mejorarla e innovar para responder a los retos que la propia educación y sociedad demandan.

Pero ¿cómo podríamos definir el talento?

De manera sencilla podríamos definir el talento como la capacidad que posee un individuo para utilizar sus aptitudes de manera práctica, en su propio beneficio y en beneficio de los demás. Emerge de las capacidades que se van desarrollando de manera sistemática. Además, la persona muestra competencia para elegir sus metas y lograrlas gracias a la utilización de sus distintos recursos y por la estimulación que recibe en la familia y en la escuela. Pero el talento, como ya hemos afirmado, no se desarrolla solo y de manera espontánea, sino que exige constancia, repetición, esfuerzo personal y habilidad.

Otra manera de definir el talento podría ser la capacidad para gestionar la frustración y las dificultades. Saber extraer el máximo de rendimiento a nuestras capacidades supone, en primer lugar, conocerse, saber qué queremos conseguir. En segundo lugar, poseer un nivel de autoconfianza y autoexigencia que nos permita, con voluntad, ir avanzando hacia nuestros propósitos y afrontar las dificultades que vayan apareciendo. En tercera posición, se encontraría el respeto, el acompañamiento y los consejos de personas que confíen en nuestras posibilidades y que favorezcan que avancemos tan lejos y a la velocidad que necesitemos, ofreciéndonos los recursos educativos que necesitemos. Finalmente, toca trabajar duro, con ilusión y exigencia para lograr lo que deseamos.

Hablar de talento nos lleva a nombrar a Robert J. Sternberg, uno de los psicólogos americanos que más ha investigado sobre la inteligencia y el talento. Este autor afirma en sus escritos que una persona con talento presenta características que le permiten encarar la vida con iniciativa y perseverancia, con motivación y constancia, trabajando para conseguir los propósitos que desea lograr.

Pensemos ahora en el trabajo que hacemos con nuestros

hijos y alumnos, ¿somos capaces de exigirles el esfuerzo y compromiso necesarios para que sean conscientes de sus capacidades y animarlos a cultivarlas? Si no lo hacemos, ¿puede la falta de estímulo intelectual convertirse en un perjuicio personal? Me atrevo rotundamente a afirmar que sí.

Lo curioso es que entre nuestros niños y jóvenes hay una enorme cantidad y variedad de talento, pero ciertos modelos educativos, que se alejan de la personalización, dificultan su detección y provocan un infradesarrollo tanto educativo como personal. Estas opciones habitualmente se centran únicamente en la edad de la persona y en hacer propuestas para el «alumno medio», como si todos nuestros estudiantes fuesen iguales y necesitasen lo mismo en todo momento. Nuestro sistema sigue agrupando al alumnado de acuerdo con su edad, sin considerar sus capacidades y motivaciones personales, su contexto y sus actitudes delante de lo que hacen. Esta opción se convierte en una elección reduccionista y peligrosa.

Personalizar el aprendizaje supone desarrollar el talento de cada individuo al máximo nivel, creando y utilizando todas las oportunidades para que esto sea posible. Permite que los niños y jóvenes puedan aprender en función de su capacidad y de sus competencias, huyendo del igualitarismo y apostando por una equidad verdadera, ofreciendo a cada uno lo que necesita. Posibilita también que los estudiantes puedan conocerse y descubrir quiénes y cómo son, qué saben y qué precisan para desarrollarse de monera óptima. A todos nos gusta que reconozcan nuestras aptitudes y talentos. De ahí que una sociedad o una educación que ignore o niegue sistemáticamente el desarrollo de la personalidad y de las capacidades de una persona se convierta en unas cadenas muy peligrosas que atan e impiden la evolución. Si fuésemos capaces de que todos los individuos tuviesen la oportunidad de desarrollar sus aptitudes y expectativas y dar respuesta a sus intereses y necesidades, nuestra sociedad sería mucho mejor y mucho más equitativa.

El talento sí molesta

La escuela actual está organizada de una forma graduada en función de la edad de los estudiantes que asisten a ella. Se parte de la idea de que todos los alumnos de una misma edad son iguales, tienen las misma necesidades y demandas educativas. Pero si nos paramos a pensar por un momento, sería como pensar que todos los niños de ocho años necesitan la misma talla de ropa, las mismas horas de sueño o cantidad de alimento. Desde esta perspectiva se olvidan las capacidades personales que posee cada niño o joven, alejándonos de su verdadero desarrollo personal.

Empecé a leer muy pronto y estoy convencida de que lo hice por el amor que existía en casa por los libros. Los sábados por la mañana recuerdo acompañar a mi padre a un pequeño quiosco. Allí intercambiaba novelas con el quiosquero. Disfrutaba viendo aquel trueque: cómo se explicaban brevemente los argumentos de los distintos ejemplares y cómo descartaban algunos por estar vacíos de contenido. A mí me gustaba visitar la biblioteca del colegio. Podíamos disponer de ella en las horas del recreo y me agradaba estar allí leyendo y eligiendo libros para llevármelos a casa. Lo que recuerdo con cierta tristeza es que durante algunos años me sentí muy interpelada por la bibliotecaria. Cuando ya tenía decididos los cuentos y libros que quería leer aquella semana, me acercaba a su mostrador con mi carné en la mano y con los libros que quería devolver. Lo primero que hacía la bibliotecaria era someterme a un interrogatorio, casi de tercer grado, sobre los ejemplares que devolvía para comprobar si realmente los había leído. Yo contestaba pregunta tras pregunta con mucho temor a equivocarme y que con mi error pensase que la estaba engañando. Nunca me equivoqué porque nunca mentí. Amaba los libros, los devoraba y me hacía muy feliz pasar horas soñando con las historias que leía, ya que me permitían viajar y conocer personajes maravillosos. Aquella bibliotecaria no creía que una niña tan pequeña pudiese leer tan rápido y le gustase tanto la lectura. Nunca me preguntó ni valoró mi pasión por este mágico hábito.

A mi juicio, en muchas ocasiones, el talento que puede tener una persona molesta a los demás, esto ocurre socialmente también en los ámbitos escolar y, me atrevería a afirmar, familiar. Por extraño que parezca, en la sociedad, las escuelas y en muchas familias se olvida que uno de los principales propósitos que debería tener la educación es la búsqueda de la excelencia y el desarrollo máximo de cada persona. Buscar la excelencia supone incentivar el máximo desarrollo de las capacidades y no la búsqueda de mínimos. ¿No debería tener cada persona el derecho de perseguir y lograr sus sueños pudiendo cultivar su talento para que este crezca y alcance índices de excelencia? ¿No debería ser uno de los grandes objetivos del sistema educativo y de las familias detectar el talento de cada hijo o alumno?

Desde luego que sí, la educación debe conseguir el óptimo desarrollo de cada persona y para ello es indispensable apostar por un aprendizaje personalizado que trasfiera el protagonismo al estudiante, que fomente hábitos intelectuales y personales y que propicie que cada niño y joven llegue lo más lejos que pueda.

Pero ¿por qué da tanto miedo el talento? Motivar el talento parece que esté reñido con el respeto a la diversidad porque se inclina a pensar que, si depositas el interés en identificar y fomentar las potencialidades de las personas, descuidas sus dificultades personales o las de lo demás, convirtiéndose en un acto egoísta o elitista. Pienso que es un enfoque totalmente inadecuado, ya que reconocer, identificar y potenciar las capacidades singulares y diversas que presenta cada niño o joven, a mi juicio, se aleja de la discriminación y se acerca a poder ofrecer a cada uno lo que necesita. Promover la personalización educativa es apostar por la flexibilidad y la amplitud, respetando la velocidad a la que una persona puede aprender, motivando la curiosidad para ofrecer la mejor educación posible.

No podemos negar que, en ciertos ámbitos de nuestra sociedad, se procura estimular algunas áreas de talento a través de la identificación y la promoción, como el deporte y la música, para conseguir la mejora en el rendimiento y especialmente en los resultados de las personas. Pero ¿qué ocurre con los talentos que se relacionan más con el intelecto? Se percibe una mayor dificultad para la identificación y este hecho dificulta su desarrollo y limita que nuestros estudiantes puedan aportar su talento en áreas tan importante como la ciencia, la humanística o la tecnológica.

Dado que encaramos un futuro cada vez más incierto, necesitamos tener una mirada respetuosa hacia el desarrollo de las capacidades y los talentos de nuestros futuros ciudadanos, ahora nuestros hijos o alumnos. En casa y en la escuela debemos identificar el talento, motivar la curiosidad y la creatividad sin que esto nos lleve a pensar que es una opción exclusivista. Como hemos afirmado, potenciar el talento no significa negar las dificultades, sino apostar por la equidad y el empoderamiento personal. Diseñar un nuevo escenario en el que la identificación y la potenciación de las capacidades de todos los niños y jóvenes, sin olvidar a ninguno, debería convertirse en una obligación si realmente queremos que nuestro futuro sea mejor para todos.

Las escuelas y las familias, centros de desarrollo del talento

Jordi Nadal recordaba, en uno de sus maravillosos artículos que escribe en *La Vanguardia*, una escena clave de la película

Salvar al soldado Ryan, de Steven Spielberg. En ella aparecía un grupo de soldados que habían cumplido con la misión de salvar al joven soldado, dejando a otros compañeros por el camino. El capitán Miller se despedía de Ryan con una frase impactante: «Haz que haya merecido la pena». ¿Y si convirtiésemos nuestro trabajo de guiar y acompañar en algo que realmente valga la pena? ¿Y si fuésemos capaces de desplegar al máximo el potencial intelectual y creativo de nuestros niños y jóvenes sin barreras?

En las escuelas, aunque a algunos les cueste reconocerlo, seguimos hablando muy poco del talento y, si lo hacemos, es con cierto temor. Ponemos mucha más energía en hablar y constatar los errores y las dificultades que en detectar las fortalezas. En los hogares pasa exactamente lo mismo: parece que hablar sobre él es despreciar las capacidades que poseen los demás. Pero es una visión equivocada, ya que hablar sobre el talento no implica poner a unas personas por encima de otras, sino conseguir el desarrollo y la potenciación máxima de cada individuo.

Todos los niños y jóvenes tienen talento, pero no el mismo. Estos talentos son diversos, múltiples y versátiles. Por este motivo, como educadores, necesitamos conocer muy bien cómo son nuestros hijos o alumnos y fomentar su participación en la adquisición de sus propios aprendizajes para que este sea más abierto y personal. Necesitamos detectar el talento a partir de la identificación de las habilidades destacadas que poseen y, así, potenciar un posterior desarrollo. Un desarrollo que exige trabajo y mucha dedicación. El nivel de dedicación para alcanzar la pericia en cualquier actividad no es inferior a 10 000 horas de trabajo. De esta manera, cultivar el talento supone esfuerzo y compromiso acompañado de una buena estimulación y guía.

Para cultivar el talento, primero hay que detectarlo. ¿Cómo hacerlo? La respuesta inicial es observando, conociendo y estimulando lo más tempranamente posible las peculiaridades e intereses de cada niño y joven con una comunicación afectiva y nutritiva. Posteriormente, ofreciéndole herramientas que ayuden a enfrentarse a la vida y hacerlo con coraje e ilusión. Si en este camino se sienten acompañados y estimulados, evitaremos que caigan en la pereza o el desánimo.

Incentivar el deseo de conocer y saber, establecer objetivos claros que conecten con sus intereses, crear experiencias y retos estimulantes que generen avance a partir del desarrollo del pensamiento crítico, ayudará a encarar con más confianza los retos. Ciertamente, otro factor facilitador que juega un papel relevante en el desarrollo del talento es la motivación.

La motivación es la gasolina para el desarrollo del talento

El aprendizaje es una creación compartida que supone el desarrollo de las capacidades a partir de experiencias que nos hagan sentir, pensar y actuar. Si, como educadores, supiésemos confiar e impulsar las posibilidades que poseen nuestros niños y jóvenes, creando curiosidad, disfrutarían mucho más con él.

La motivación significa tener ganas de hacer algo y se convierte en el motor del aprendizaje porque nos pone en movimiento y nos ayuda a dirigir nuestra conducta. La automatización de buenos hábitos y de rutinas adecuadas fortalece la personalidad y la persistencia para conquistar los propósitos que deseamos lograr. Aprender a dirigir nuestros pensamientos, sentimientos y acciones se convierte en un entrenamiento vital para disfrutar y sentirnos satisfechos con lo que hacemos. La motivación mejora cuando la interacción con los que nos relacionamos es positiva, cuando se tienen los objetivos y motivos claros y cuando nos sentimos acompañados en el camino.

Hace tres años tuve un accidente de bicicleta mientras entrenaba para una competición de triatlón. El sol nubló mi visión y una barrera en medio del camino, que no esperaba encontrar, me hizo saltar varios metros por el aire y caer de forma violenta al suelo. La caída me provocó fuertes contusiones por todo el cuerpo y un destrozo importante del brazo derecho. Una ambulancia me trasladó hasta el hospital y me operaron para intentar reconstruir lo que estaba dañado. De aquellos días recuerdo el dolor, la impotencia de no haber podido evitar aquel percance, pero especialmente las personas que me visitaron o me llamaron para animarme y motivarme a recuperarme pronto y poder volver a subirme a una bicicleta lo antes posible.

Es evidente que el respaldo y el impulso que los demás pueden provocar en nuestro ánimo y en nuestro comportamiento transforman lo que vivimos, cómo lo vivimos y lo que hacemos. La claridad y el buen trabajo de los médicos, la confianza recibida por los encargados de ayudarme con la recuperación y las numerosas muestras de cariño que recibí de muchas personas durante aquellos largos meses hicieron que no tirase la toalla y, después de un año, volviese a competir. En la motivación entran en juego variables muy diversas que tienen un efecto directo en el proceso de aprendizaje. Entre ellas destacan nuestra personalidad, nuestro autoconcepto y autoestima, nuestras emociones y la gestión que hagamos de las mismas y las metas a lograr. La motivación nos anima a ilusionarnos, a potenciar nuestras capacidades, a aprovechar el tiempo, a reconocer los propios talentos para ponerlos a nuestro servicio y también el de los demás. Por estos motivos influye tanto en el acto de aprender.

La aventura de aprender debería convertirse en una actividad estimulante, con enfoque personalizado, que todo individuo pudiese vivir y disfrutar rodeado de personas maravillosas que lo acompañen y estimulen su andanza conociendo sus intereses, capacidades y motivaciones. ¿Por qué no convertirnos, como educadores o padres, en estas personas? Nuestra motivación se convertirá en la motivación de nuestros niños y jóvenes.

Orientación educativa personalizada

En clase, con mis alumnos de tercero de primaria, suelo realizar una actividad a la que denomino «el bote de los tres secretos». Cada semana, un estudiante se lleva a casa un bote vacío. Con la ayuda de sus padres o tutores debe elegir tres objetos que quepan dentro y que para ellos sean importantes y les ayuden a explicar cómo son y qué les gusta hacer. Cuando el alumno regresa al día siguiente con su bote lleno, se le anima a mostrar al resto de compañeros cada uno de los objetos y explicar el porqué de su elección. Es una actividad en la que les gusta mucho participar. Para mí, también es una actividad muy especial, ya que me ayuda a conocerlos un poco mejor.

El propósito principal de la actividad es poder conocer a cada alumno para posteriormente acompañarle y orientarle en sus decisiones y preferencias. La orientación educativa se convierte en uno de los principios básicos para iniciar verdaderos procesos de personalización y de desarrollo del talento. Esta orientación posee un papel esencial para el crecimiento personal, académico y social. Se centra en potenciar el autoconocimiento y el pensamiento crítico para que el niño o joven pueda descubrir cuáles son sus talentos y necesidades y aprenda a entender y cuestionar qué sucede a su alrededor. Este enfoque facilita la formación personalizada. Por otro lado, estimular el deseo del conocimiento personal, conseguir la implicación, motivar la formulación de preguntas y desarrollar la capacidad de decidir aumenta las ganas de aprender.

Cuando en la vida tienes la suerte de sentirte acompañado y orientado, parece que el camino de vida se hace mucho más fácil. En mi vida han aparecido muchas personas que, en momentos concretos, me han permitido caminar a su lado y hacerme sentir que iba en la dirección oportuna. Personas sensibles a las preguntas a las que necesitaba dar respuesta, que han sido capaces de orientar mis intereses e impulsar mi autoconfianza, reconociendo todo aquello que era necesario mejorar. A veces de una manera más sutil y otras de manera más estricta y exigente, me han enseñado el valor del esfuerzo y el trabajo bien hecho. Pero, fundamentalmente, lo que valoro de estas personas que se han convertido en mis grandes mentoras son las conversaciones fluidas y continuas, el *feedback* constructivo a mis ilusiones y miedos, haciéndome sentir que no estaba sola, sino que el camino siempre lo hacía con un compañero o compañera con capacidad para ayudar y hacer que mis experiencias de aprendizaje dieran la mano a mis intereses, pasiones y talentos. Como educadores debemos convertirnos en estos compañeros del viaje más maravilloso que puedan realizar nuestros hijos y nuestros alumnos: ¡el viaje de su vida!

La orientación personal que podemos realizar está íntimamente ligada a la acción tutorial. La acción tutorial podemos definirla como el conjunto de acciones, que desarrolla un educador, que tienen como finalidad guiar y acompañar en el proceso de aprendizaje de las personas. Todos los centros educativos poseen un documento denominado «Plan de

Acción Tutorial» (PAT). Este documento recoge la organización y el funcionamiento de las tutorías que se realizan en el centro y el conjunto de acciones que se llevan a cabo con la finalidad de orientar a su alumnado. De esta manera, una de las labores más importantes de los docentes y de los padres es la de convertirse en buenos orientadores y guías para sus hijos y sus alumnos con el objetivo principal de atender a sus necesidades personales y educativas. ¡Qué maravillosa labor e impacto podemos tener sobre ellos! ¿Puede existir una tarea más bonita que la de animar a alguien a soñar?

Este proceso de acompañamiento y la motivación del niño o joven suponen poder inspirarle y mediar con otros agentes de la comunidad. Siempre he creído que somos modelos de otros modelos a los que antes hemos imitado. Como educadores, asumimos este rol de modelo y motivador con capacidad para transmitir y brindar ayuda individual para que sean capaces de descubrir lo que ya saben y lo que les queda por descubrir. Además, se realiza un control de su trabajo y se evalúan los resultados. De esta forma el niño o joven siente y entiende que nadie puede aprender por él, que es necesario asumir con ilusión y compromiso los retos que se le plantean y que no está solo, especialmente en los momentos en que aparezcan las dificultades o el desánimo.

El vínculo de ayuda y guía que somos capaces de establecer nos ayuda a conocer los intereses, las capacidades y cómo viven las situaciones los demás. Las interacciones con las personas con quienes nos relacionamos nos posibilitan empatizar, detectar problemas, comprender al otro y comprendernos mucho mejor a nosotros mismos.

Basándome en mi experiencia docente, cada vez estoy más convencida en la veracidad del efecto Pigmalión, entendido como la capacidad de influencia que tienen las expectativas de una persona sobre otra. Su impacto transformador en el aprendizaje y en el éxito personal y educativo de los niños y jóvenes demuestra que las miradas, las palabras, los hechos y nuestras expectativas influyen en el desarrollo de su autoestima y destrezas.

Durante mi trayectoria personal y profesional he sentido este impacto transformador inspirada por grandes profesionales y personas. Recuerdo de manera especial a Mercè. Ella fue la primera persona que confió en que podía escribir y fue la editora con la que comencé a colaborar con poco más de veintiún años. Su exigencia inicial, sus correcciones y valoración de mis avances han hecho que ame para siempre escribir. Cuando un persona es capaz de enseñar con amor y rigurosidad provoca procesos transformadores asombrosos.

Reconocer que cada hijo o alumno es único e irrepetible, conocer sus capacidades y necesidades peculiares, acompañarlo desde la confianza, reconociendo su capacidad para realizar una tarea o conseguir un objetivo, potencia nuestra orientación en clave positiva y transformadora. Como padres y educadores debemos ser capaces de analizar cómo nuestras palabras, nuestros comportamientos y expectativas pueden llegar a influenciar en la confianza, la conducta y el rendimiento, así como en la motivación hacia su aprendizaje.

Guiar es mucho más que marcar el camino, se convierte en un conjunto de acciones, creencias, palabras y hechos que se entrelazan y provocan que un individuo perciba que se confía en él, que se tienen expectativas positivas hacia sus habilidades y que se reconocen sus debilidades, reforzándolas de manera positiva sin juzgar sus tropiezos. Nuestra labor es acompañarlos para que sean capaces de enfrentarse a los retos con optimismo, enamorándose de la vida y el aprendizaje como nosotros lo hemos hecho antes.

Una familia y una escuela que creen en la personalización y saben acompañar con serenidad, empatía e ilusión generan en el niño o joven ganas de aprender, motivan la independencia, la capacidad de relacionar y de elegir. Convertirse en una escuela o familia personalizadora es un gran desafío que todos deberíamos estar dispuestos a asumir.

Personalicemos también la evaluación

La evaluación se convierte en una pieza clave en el proceso de personalización del aprendizaje y del desarrollo del talento por su capacidad para valorar la evolución de cada persona, acercándose más al *feedback* continuo que a las calificaciones. Además, pasa a ser una estrategia de motivación que anima al esfuerzo continuo y permite detectar rápidamente los obstáculos, las dificultades y los errores para buscar nuevos caminos que permitan superarlos. Por este motivo, evaluar personalizando potencia que el niño o joven se implique en su propio aprendizaje y en su evaluación como máximo protagonista del mismo. La comunicación bidireccional con el educador que le acompaña le ayuda a tomar consciencia sobre sus puntos fuertes y débiles y poder ir avanzando en la mejora continua.

Hablamos entonces de una evaluación personalizadora y formativa, clave en el desarrollo de la competencia de aprender a aprender. Esta competencia implica la capacidad de reflexionar y persistir en el propio proceso de aprendizaje que posee una persona, siendo capaz de organizar su tiempo y sus recursos para asimilar nuevos conocimientos. Supone tener claro cuáles son los objetivos y persistir con confianza y esfuerzo para lograrlos. De esta manera la evaluación deja de ser una actividad puntual para transformarse en un intercambio, diálogo y retroalimentación continuos. Nadie puede mejorar si no descubre o le ayudan a descubrir en qué debe hacerlo. Así que compartir con los niños y jóvenes los objetivos que se quieren conseguir (qué haremos y para qué lo haremos), cuáles son los criterios que se seguirán para realizar el seguimiento y la evaluación y, finalmente, dar a conocer los instrumentos que se van a utilizar durante el proceso ayudará a que juntos podamos gestionar y potenciar el aprendizaje y la mejora continua, tanto personal como socialmente.

Estos propósitos suponen utilizar herramientas diversas que nos ayuden a recopilar adecuadamente el proceso de aprendizaje. Recopilar y analizar datos ayuda a transformar el proceso evaluativo en un elemento trasformador e impulsor del aprendizaje.

Evaluar todo el proceso

La transformación de una evaluación hacia una evaluación más significativa y auténtica pasa por evaluar durante todo el proceso. La evaluación engloba tres momentos y fases: la evaluación inicial o diagnóstica, la evaluación formativa y la evaluación final o sumativa. En todas ellas, la implicación de los estudiantes y de las familias adquiere una gran importancia para la recopilación y el análisis de los datos que se realiza y la comunicación que se hace de los mismos. Una comunicación de los resultados realizada de manera conveniente a los estudiantes, familias u otros responsables educativos supone un tratamiento respetuoso de los avances y las dificultades.

La evaluación diagnóstica o inicial es la que realizamos al principio de cada nuevo ciclo o situación de aprendizaje, adquiriendo un peso específico en cada propuesta o iniciativa educativa. Posee la capacidad de realizar un diagnóstico apropiado del punto de partida del aprendiz teniendo en cuenta sus características y capacidades personales, sus experiencias y conocimientos previos (sobre los que anclarán los nuevos) y sus intereses y necesidades. Los cuestionarios, las conversaciones en gran grupo o debates iniciales son herramientas que ayudarán a la recogida de datos.

La evaluación formativa permite realizar un seguimiento continuado en el que se irán evaluando los aciertos, los posibles errores o dificultades que puedan ir apareciendo y las fortalezas para que puedan ser potenciadas. El educador, en su papel de conductor, irá ajustando los objetivos, su planificación y estrategias a las necesidades que aparezcan en cada momento. Durante este proceso, la retroalimentación al estudiante y la utilización de distintas estrategias como el trabajo entre iguales, dejar espacios para que puedan preguntar aquello que no acaban de entender o los encuentros más personalizados con cada uno de los niños y jóvenes posibilitarán tomar las decisiones pedagógicas más oportunas.

Las pruebas orales y escritas, los trabajos en grupo o cooperativo, los proyectos de trabajo o la resolución de problemas ayudan a conocer el aprendizaje.

Durante el proceso de enseñanza y aprendizaje, la evaluación personalizada atribuye también una importancia destacada a que el alumno aprenda a ser capaz de autoevaluarse, para reconocer qué resultados ha sido capaz de alcanzar y también cuáles han sido sus errores o dificultades para poder mejorar, la autoevaluación. Este tipo de evaluación fomenta la autonomía, el pensamiento crítico y la creatividad.

También cabe destacar la coevaluación que se convierte en la posibilidad de que los alumnos evalúen el trabajo de sus compañeros. Este intercambio ayuda a descubrir distintas formas de realizar las cosas y recibir una retroalimentación de los propios compañeros. Estas propuestas evaluativas favorecen la implicación, motivan el diálogo y la colaboración y las relaciones entre pares.

Finalmente, la evaluación sumativa tiene como finalidad comprobar cuáles han sido los resultados del aprendizaje considerando los múltiples factores que han podido influir durante el proceso para poder asignar un valor numérico final. Es la evaluación que realizamos al final del proceso educativo para conocer si se han conseguido los objetivos que se pretendían lograr e identificar aquellos que faltan por aprender. Es interesante no descartar la utilización de instrumentos con finalidad calificadora a partir de asignar un valor numérico a los criterios que previamente se han establecido.

Esta forma de evaluar permitirá al educador y a los propios niños y jóvenes considerar si han sido capaces de progresar en su itinerario mediante la realización de pruebas diversas. También permite dar una respuesta a la diversidad de dificultades cognitivas o actitudinales para pasar a la acción y poner en marcha acciones que permitan superarlas. Estas posibles propuestas pueden ir relacionadas a organizar el tiempo y el espacio y ofrecer nuevos campos para ampliar y profundizar, facilitar la ayuda entre iguales y una propuesta que adquiere gran importancia es coordinar el trabajo a realizar.

En el programa se asegura que los estudiantes avancen a la velocidad en la que dominen cada materia, poniendo en práctica diferentes técnicas e instrumentos evaluativos. Se considera que el alumno progresa en su itinerario de aprendizaje cuando logra los objetivos y desarrolla las competencias asociadas.

En pocas palabras...

Una educación que apuesta por promover la personalización del aprendizaje, lo hace también, claramente, por el desarrollo de la excelencia de sus estudiantes, por un aprendizaje que conecte con sus intereses, donde se pongan en marcha estrategias que favorezcan la ampliación de conocimientos y de las habilidades personales y sociales de los participantes del proceso formativo. Fomentar el protagonismo de cada estudiante y el desarrollo de su talento supone su mejora personal y social que permite adquirir una mejor comprensión del mundo y de uno mismo. Construir el propio proyecto de vida permite descubrir quiénes somos y qué maravillosas cosas somos capaces de hacer.

La personalización del aprendizaje favorece el desarrollo del talento. Ayuda a atender necesidades y fortalezas porque parte del conocimiento y el respeto de las cualidades personales de cada aprendiz. Es curioso constatar que, aun teniendo el éxito un papel muy importante dentro de nuestra sociedad, se le atribuye muy poca relevancia a la detección de talento dentro de nuestras aulas y en las propias familias, realidad que debe empezar a cambiar con urgencia.

Sin duda alguna, el proceso de aprendizaje y la evaluación se convierten es aspectos íntimamente relacionados. La evaluación es una parte indispensable del proceso de enseñanza y aprendizaje porque facilita ajustar progresivamente la ayuda que debemos ofrecer a las características y necesidades de cada persona que acompañamos. La observación, la retroalimentación y el respeto por el trayecto personal que realiza cada persona se convierten en elementos sustanciales para la personalización y el éxito educativo.

Cuando seamos competentes para conceder la importancia necesaria a cómo los agentes educativos (familia, profesores y otros profesionales del ámbito de la educación) podemos influir conjuntamente en el proceso, desarrollo y resultados que nuestros hijos y estudiantes pueden llegar a conseguir, dotaremos de un mayor valor al proceso evaluativo. La comunicación y el diálogo entre todos ellos permitirán hacer coincidir las miradas y establecer una relación que lleve a compartir el progreso y conseguir la confianza y complicidad necesarias para trabajar por el desarrollo personal y escolar de todos.

9.
Personalicemos juntos. ¡Construir puentes entre la escuela y las familias!

La familia y la escuela son las instituciones educativas más relevantes que intervienen en la educación de todos los niños y jóvenes. Por este motivo, se necesita que exista un adecuado entendimiento entre ellas y crear un ambiente colaborativo que beneficie el desarrollo óptimo e integral de los estudiantes.

El papel que la familia y los centros escolares realizan en la personalización del proceso educativo se amplifica cuando son capaces de trabajar juntos para conseguir el propósito fundamental al que debe aspirar la educación: contribuir al desarrollo personal, físico, intelectual y emocional de todas las personas. El potencial educativo y la influencia de ambos contextos se amplifican si entre ambos sistemas se establecen relaciones constructivas, complementarias y especialmente respetuosas, en las que la comunicación que se produce es fluida y se basa en la confianza. Una comunicación clara y abierta favorecerá la expresión de necesidades y la resolución de conflictos que puedan ir apareciendo de manera colaborativa.

Siempre me ha llamado la atención por qué en algunos centros escolares parece que exista cierto temor a que las familias puedan entrar a ellos y participar en la vida diaria del centro. Tampoco sigo sin entender por qué algunas familias critican sistemáticamente la labor docente sin hacer ningún esfuerzo por saber cómo se está enfocando el trabajo que se realiza con sus hijos. Abrir las puertas de las escuelas a las familias y que las familias respeten el trabajo del profesorado se convierte en el primer eslabón de la cadena para una buena interacción y entendimiento.

Para conseguir una colaboración efectiva entre la familia y la escuela y fortalecer los lazos y la comunicación con el resto de los miembros de la comunidad educativa es necesario realizar una clara delimitación de los roles y las responsabilidades que debe desarrollar cada uno de los agentes que participan en ella. Esta definición es esencial para que las personas comprendan las funciones y lo que se espera de ellas, ayudando a evitar malentendidos o detectar una falta de responsabilidad que entorpezca el progreso y el éxito educativo.

De acuerdo con todas estas premisas, una actitud de responsabilidad compartida y complementaria en la maravillosa tarea de educar permite establecer estrategias de intervención comunes necesarias para trabajar de manera más eficiente, identificar posibles brechas en el desempeño de las responsabilidades y realinear o reenfocar el trabajo a hacer por todos los implicados para alcanzar los objetivos que se desean lograr.

La personalización se inicia en la familia

La familia adquiere la función de satisfacer las necesidades primarias de los miembros que la componen y se convierte en el primer contexto para el trato personal, la transmisión de valores y la socialización de un joven, donde aprende a conocerse, a respetarse, a comunicarse y a desarrollar los primeros vínculos afectivos y emocionales. En ella se engendra un proceso de personalización en que se desarrolla la personalidad, donde se acoge a la persona reconociendo sus necesidades particulares, sus ritmos, su necesidad de límites para ofrecer una respuesta satisfactoria a las mismas.

La llegada de los niños al centro escolar abre las puertas a un nuevo contexto en el que, además de recibir una educación formal, se establecen nuevas relaciones tanto con adultos como con otros compañeros de diversas edades. Los niños construirán vínculos afectivos estables en la escuela de la misma manera que aprendieron a hacerlo en sus relaciones en casa. Estos vínculos ofrecerán una base emocional firme que les permitirá sentirse con la confianza necesaria para avanzar en su desarrollo y en la respuesta a los retos que les plantea la educación a lo largo de la vida en términos de aprendizaje.

Por todo ello, la familia no solo es el grupo de pertenencia, sino que se convierte en el principal grupo de convivencia, donde se aprende a ser uno mismo y a valorarse y a valorar a los demás, y donde la complejidad de las relaciones y los diversos niveles de comunicación que se producen entre sus miembros ayudan en la maduración personal y en la construcción de la identidad.

Para que la experiencia educativa del niño o joven sea una experiencia completa y realmente personalizadora, se exige que la familia exprese confianza hacia la labor educativa que se realiza en los centros escolares y que desempeñan los docentes para poder llegar a compartir aspiraciones, objetivos y proyectos.

Observar para prevenir y personalizar

Para poder personalizar los procesos de desarrollo y aprendizaje, los padres, tutores y docentes deben considerar la observación como una herramienta imprescindible para valorar cómo está siendo el desarrollo evolutivo del niño o joven a nivel cognitivo, social, conductual y emocional. Esta observación ayudará a prevenir problemas en el futuro y a detectar el talento.

Cuando éramos pequeñas, recuerdo que mis padres trabajaban muchas horas al día y, por ello, pasábamos las tardes con mi hermana mayor, que era quien nos cuidaba. Nos preparaba la merienda y revisaba las agendas por si teníamos deberes. Nos llevaba al colegio y en la hora del recreo se acercaba a nosotras, a mi hermana gemela y a mí, para comprobar si estábamos bien. En el instituto también se preocupó mucho de nosotras, muchas veces intercediendo para que nadie pudiese molestarnos. Su capacidad de observación la llevaba a descubrir cómo estábamos y qué necesitábamos en cada momento. Sabía si necesitábamos un abrazo o una caricia porque echábamos a faltar a nuestros padres, o ánimo para atrevernos a encarar los retos que iban apareciendo.

Este sentimiento de observación cariñosa y exigente que le dice al otro que está allí cuando lo necesitas es una gran herramienta para personalizar nuestros seguimientos y atención educativa. Si fuésemos capaces de pararnos a observar con más atención cómo están nuestros hijos y educandos, ¡cuántas cosas seríamos capaces de identificar, acompañar y alentar!

Las familias y las escuelas deberían convertirse en espacios de protección y prevención, donde todos sus miembros se sientan fortalecidos y respetados. Un lugar seguro donde crecer en libertad, sintiendo que todas las necesidades son cubiertas. La prevención, asimismo, se convierte en una acción educativa y en un principio pedagógico fundamental si nos planteamos personalizar los procesos de enseñanza y aprendizaje, tanto en el ámbito familiar como en el escolar. La prevención permite garantizar la mejora de la calidad de vida de las personas, especialmente de aquellas que son más vulnerables, poniendo énfasis en la anticipación y garantizando las condiciones educativas y socioambientales más apropiadas para el desarrollo integral de niños y jóvenes. Posibilita poner en marcha procesos y medidas de identificación y diagnóstico de las dificultades, de análisis y reflexión para comprobar si se poseen las habilidades necesarias para el adecuado desarrollo social o si existe el grado de motivación que evite un posible fracaso escolar. Estas estrategias de prevención también nos pueden ayudar a detectar posibles conductas inapropiadas y buscar una solución para modificarlas.

Estas prácticas suponen conocer las características diversas de niños y jóvenes, dedicar tiempo al cuidado de su salud física y mental y su bienestar psicosocial y exigen ampliar los programas pedagógicos que ayuden a prevenir riesgos que puedan llegar a dificultar la protección, el avance personal y académico y la promoción del aprendizaje. En este sentido, es preciso tener en cuenta que la mejora de las iniciativas e intervenciones preventivas pueden llegar a suponer una diferencia sustancial a corto y a largo plazo para el desarrollo de las capacidades intelectuales y actitudinales de los sujetos.

Para que estas estrategias y acciones tengan un impacto positivo en el aprendizaje y se experimente un mayor sentido de pertenencia tanto en el ámbito familiar como escolar, los educadores tendrán como labor principal observar, hacer seguimiento y tomar decisiones para que se pueda llegar a la consecución de los objetivos y fines educativos que se quieren conquistar.

Lo que la familia pide a la escuela

La familia habitualmente es la responsable de elegir el centro educativo para sus hijos. Esta elección se realiza habitualmente cuando el hijo tiene entre tres y seis años. Las familias esperan que el servicio educativo sea eficiente, que se realice en él una formación sólida y diversificada por parte del profesorado que propicie dar respuesta a las necesidades y aspiraciones individuales que puedan presentar sus hijos, que favorezca el desarrollo de sus habilidades, talentos y también la detección y reducción de las posibles dificultades que puedan ir apareciendo y que pueden precipitar a los estudiantes hacia el fracaso escolar.

Para establecer una conexión personalizada que viabilice construir una base sólida de confianza y comprensión mutua será necesario el trato cálido y deferente, en el que las familias sientan escuchadas sus demandas y puedan encontrar la ayuda que precisan. La familia espera encontrar en la escuela una puerta abierta donde poder compartir sus dinámicas familiares específicas u otros aspectos que puedan llegar a afectar el bienestar de sus hijos.

Las sesiones de encuentro, entre las que destacan las tutorías personalizas, los talleres formativos, la participación en eventos escolares, entre otras, donde participen las familias y los docentes conjuntamente ayudarán a respaldar el aprendizaje y a realizar una resolución constructiva de los conflictos que puedan aparecer. El apoyo, el respeto mutuo y el poder identificar y desarrollar soluciones comunes fomentará el sentido de comunidad y de pertenencia de las familias con la escuela.

Como docente, considero que una de nuestras principales funciones es conocer y respetar a las familias de nuestro alumnado. Siempre he pensado que nos dejan en nuestras manos lo que más quieren en este mundo. En consecuencia, es nuestro deber informar sobre lo que sucede en el aula y animar su participación en algún proyecto. Crear espacios para conocer las expectativas de los progenitores y compartir las metas que se pretenden lograr con sus hijos promueve la creación de alianzas sólidas y respetuosas.

Mi abuela repetía un viejo refrán que dice: «Más vale prevenir que curar». Si fuésemos capaces de actuar antes de que las dificultades puedan provocar efectos no deseados y atenuar así sus consecuencias, contribuiríamos a la consecución de los objetivos, a la adquisición de conocimiento y a la acción.

Lo que la escuela demanda a las familias

Todas las escuelas tienen un documento pedagógico, el «Proyecto educativo del centro», que recoge detalladamente toda la información que hace mención del centro escolar. En él se especifican las líneas estratégicas que se seguirán para conseguir los objetivos que se pretenden lograr y se describe la identidad, los objetivos y cómo se organiza el centro para dar respuesta a las necesidades y demandas que van surgiendo durante el curso escolar. Este documento debe ser accesible y conocido por todos los miembros de la comunidad educativa, también para las familias.

Los centros que apuestan por un proyecto personalizador creen en la persona y en el desarrollo integral de la misma y son capaces de brindar un apoyo personalizado a la diversidad de familias que apuestan por su proyecto. Dar respuesta a los desafíos que van surgiendo supone ajustar las propuestas a las fortalezas, necesidades e intereses de los miembros de la comunidad a partir de procesos de gestión personalizadora de la enseñanza y el aprendizaje. Los docentes y el personal que trabaja en una escuela precisan que las familias conozcan el proyecto y se involucren en él trabajando de manera conjunta para, partiendo del reconocimiento de la diversidad que existe entre ellas, brindar apoyo y respuesta a las exigencias rutinarias que vayan apareciendo. El apoyo en el trabajo escolar diario y el apoyo incondicional al proyecto que se les pide a las familias por parte de la escuela ayudan a mejorar el rendimiento académico y el éxito escolar de los estudiantes. También que el niño o joven vea que todas aquellas personas que le exigen y le acompañan caminan en la misma dirección y buscando fines comunes. Pero ¿qué puede dificultar una buena colaboración entre las familias y las escuelas?

Numerosos estudios demuestran que la colaboración y la participación activa entre el centro escolar y la familia proporcionan una mayor calidad educativa, una importante satisfacción para todos los agentes y un mejor rendimiento académico. Pero existen elementos que entorpecen esta relación y colaboración. En primer lugar, destaca la confusión de roles o que estos estén muy estereotipados por las ideas preconcebidas sobre los mismos. Por ejemplo, pensar que las familias no están lo suficientemente pendientes e implicadas en la educación de sus hijos o, por el contrario, que los padres piensen que los docentes no son capaces de dar respuesta a las dificultades y necesidades socioafectivas que presentan sus hijos. Darse cuenta de que «la unión hace la fuerza», que la fuerza reside en el respeto y la humildad de reconocer que escuela y familia nos necesitamos, se convierte en un lema a seguir y conseguir.

Otras de las dificultades que pueden encontrarse es la resistencia por parte de las familias a recibir y aceptar una imagen del niño distinta a la que ellos tienen. La tendencia a la sobreprotección o a no aceptar algunas de las dificultades que puede presentar su hijo relacionadas con el aprendizaje o comportamiento. Un estilo sobreprotector puede tener consecuencias relevantes en el desarrollo de los niños que pueden derivar en una mala gestión emocional, baja autoestima o dependencia excesiva hacia los progenitores que se manifiesta en poca autonomía e inseguridad. Estar al lado de los hijos no debe implicar una sobreprotección, sino un acompañamiento que eduque en la seguridad, en la independencia y la confianza para que puedan resolver por sí mismos las situaciones escolares o cualquier otra que se produzcan en su día a día. Ayudar a las familias desde el centro escolar a establecer las condiciones adecuadas para favorecer la autonomía personal, dotar de la importancia necesaria al trabajo y al estudio escolar en casa o mejorar la relación con los hijos fomentará el intercambio y la construcción de una verdadera comunidad educativa.

En el ámbito de los centros, en ocasiones las instituciones educativas limitan la participación de las familias y tienen normas excesivamente estrictas que limitan la construcción del sentimiento de pertenencia a la institución por parte de los progenitores. Esta desmedida restricción frena el poder compartir ideas y experiencias, intercambiar opiniones y buscar soluciones conjuntas.

La idealización desmedida o, por el contrario, el desinterés o la culpabilización de un colectivo hacia el otro son las opciones menos oportunas para conseguir una colaboración basada en la confianza.

Pero, entonces, ¿cómo fortalecer la relación?

Dedicar el tiempo necesario para establecer puentes de confianza entre la escuela y la familia se convierte en la opción primordial para conseguir trabajar de forma cooperativa y coherente. La relación no debería centrarse únicamente en el intercambio informativo de los resultados académicos, sino que también debería adquirir el compromiso de abarcar temas tan importantes como la construcción de la autoestima, la adquisición y el desarrollo de los hábitos de estudio, la gestión de las emociones, el establecimiento de límites o las relaciones sociales que el niño o joven es capaz de establecer. Este intercambio fomentará una mayor comprensión y un aprecio de la labor educativa que realiza cada colectivo. La escuela debe responsabilizarse en crear espacios adecuados donde las familias puedan compartir sus inquietudes o sugerencias sintiéndose escuchadas y apoyadas. Fomentar actividades en las que se produzca la colaboración permanente, por ejemplo, la realización de proyectos educativos en los que se invite a las familias a compartir actividades con sus hijos en el aula, animar a los progenitores a implicarse en propuestas de voluntariado familiar que favorezcan el mejoramiento del centro y que puedan estar ligadas a sus intereses y disponibilidad, pueden ser ejemplos para mostrar que no es una opción complicada, sino muy positiva para toda la comunidad. A su vez, las reuniones de inicio y final de curso, el uso de la agenda escolar, las reuniones periódicas con los tutores contribuirán el intercambio.

Ofrecer a las familias espacios formativos que contribuyan a mejorar la educación y el seguimiento y donde puedan contemplarse estrategias para la comunicación positiva y el abordaje de las necesidades emocionales de los estudiantes supondrá un enriquecimiento mutuo de los principales agentes de la comunidad. Por otro lado, dinamizar programas de mentoría entre las familias, que permitan emparejar a familias con experiencia previa en la vida escolar con aquellas que acaban de llegar al centro, proporcionará espacios para compartir experiencias, consejos o temores y beneficiará la integración, el intercambio útil de información sobre la vida del centro y la reflexión sobre la educación de los hijos.

No podemos olvidar que incentivar el uso de la tecnología puede desempeñar un papel crucial para la mejora de la comunicación entre la familia y la escuela, e intercambiar información con las familias de las actividades previstas, las salidas escolares, los informes y las incidencias que vayan apareciendo. Disponer de un sitio web actualizado que pueda mostrar, a través de diferentes entradas o blogs, el día a día escolar, fortalecer el intercambio de información a través del uso del correo electrónico o las entrevistas *online*, la organización de *webinars* o charlas virtuales sobre temas relevantes que inquieten a las familias y al profesorado, animar al seguimiento de las redes sociales del centro educativo se convierten en medios de diferente tipo que facilitarán establecer conexiones más frecuentes y cualitativas.

Por último, y no por ello menos importante, la organización de encuentros presenciales de reflexión donde profesores, padres y jóvenes puedan encontrarse y discutir alrededor de temas relacionados con la educación ayudará a conocerse mejor y fortalecerá los lazos entre ellos.

En pocas palabras...

La importancia de una relación fluida entre las familias y los docentes reside, precisamente, en esa confianza o sentimiento de acompañamiento que se requiere en los primeros pasos del desarrollo intelectual y emocional de los niños y jóvenes. La creación de vínculos sinceros contribuye a la construcción de una educación más completa, abierta e integral. Si la conexión entre el profesorado y los padres es adecuada, se convierte una tarea más sencilla empoderar a los futuros ciudadanos en su desarrollo y aprendizaje. Esta relación puede generar además un mayor éxito educativo y un mayor grado de bienestar emocional de los hijos. Habitualmente, cuando un niño o joven percibe que los adultos que le acompañan lo hacen de forma similar y establecen lazos entre ellos su implicación y compromiso con el aprendizaje aumenta y mejora. Cuando las familias conocen mejor qué sucede dentro de las aulas, cuando se establecen objetivos personalizados para cada estudiante, consensuados con las familias, se genera un sentimiento de pertenencia y compromiso que motiva a una mayor participación por parte de los progenitores y a un establecimiento de normas y responsabilidades similares dentro y fuera de la escuela.

Una comunicación fluida, constructiva y complementaria entre ambas instituciones, además, favorecerá la transmisión de valores tan importantes como el respeto, la cooperación, la solidaridad o la responsabilidad. Poder abordar los desafíos específicos conjuntamente que vayan apareciendo generará en el niño o joven sentimientos de seguridad, felicidad y motivación.

Posdata

Durante mi infancia, y ahora como profesional de la educación, he tenido la suerte de estar rodeada de personas con las que he podido ser yo misma, aun siendo diferente de aquellos que me rodeaban. Por ello, siempre me he sentido afortunada por estar acompañada de personas que me daban alas para volar muy alto y que estaban muy cerca para espantar los miedos que aparecían en la travesía. El respeto y la libertad recibidos desde que era una niña hicieron que deseara ser docente. Estoy convencida de que si volviese a nacer, volvería a elegir la misma profesión porque creo en la educación y en el acompañamiento personalizado de las personas. También porque estoy convencida de que aprender nos hace más felices, más libres y buenas personas.

Al físico americano Richard Feynman se le atribuye una bonita frase que afirma: «Si quieres algo, enséñalo. Cuando más enseñas, mejor aprendes». Deseo que tanto los educadores como las familias que lean este libro aspiren a seguir aprendiendo, porque este deseo transformará la vida de muchos niños y jóvenes.

«Educar personalizando o personalizar educando» se convierte en una incitación extraordinaria a soñar en una educación poderosa que convierta el mundo en un lugar más inclusivo, más personalizador y equitativo para todos.

Ojalá que mucha gente quiera sumarse a este gran desafío. Yo lo seguiré intentando y continuaré trabajando por ello.

Agradecimientos |

«Nadie debería guiar ni acompañar si su visión se enfoca más en las debilidades en vez de las fortalezas de las personas».

PETER DRUCKER

La educación tiene mucho que ver con el sentido común, la exigencia y el amor. Así me lo transmitieron mis abuelos y me lo han demostrado, una y otra vez, con insistencia, mis padres.

También lo hicieron muchos de los docentes que he tenido el privilegio de que me acompañaran a lo largo de mis años de formación y profesión y en mi camino de vida.

Agradecimiento y admiración es lo que siento por todas aquellas personas que han influido en mi desarrollo personal y profesional con sus pensamientos, palabras, silencios y amor incondicional. Gracias a ellos soy mejor docente y persona.

De ellos he aprendido que la educación debe dar la mano a la personalización, la gratitud, el respeto y a la mejora continua. También a la exigencia y a la lucha contra las desigualdades.

No sé si soy merecedora de este maravilloso regalo, pero lo acepto con mucha gratitud y gratificación.

A todos ellos, mi tributo y mis gracias.

Su opinión es importante.
En futuras ediciones, estaremos encantados
de recoger sus comentarios sobre este libro.

Por favor, háganoslos llegar a través de nuestra web:

www.plataformaeditorial.com

Para adquirir nuestros títulos,
consulte con su librero habitual.

«*I cannot live without books*».
«No puedo vivir sin libros».

THOMAS JEFFERSON

Desde 2013, Plataforma Editorial planta un árbol
por cada título publicado.

Sobre
el arte de leer

**10 tesis sobre la educación
y la lectura**

6ª
edición

Gregorio Luri

**Prólogo de
BRUNO LE MAIRE,
ministro francés de Finanzas**

Plataforma
Actual

Con un inolvidable prólogo de Bruno Le Maire,
ministro de Finanzas francés, esta nueva edición
revisada y actualizada es una obra tan imprescindible
como amena sobre la educación, la lectura
y sus implicaciones.